KB013377

제국과 대중 그리고 공통의 부

네그리·하트의 『제국』·『다중』·『공통체』 읽기

**세창명저산책_026**

제국과 대중 그리고 공통의 부

네그리·하트의 『제국』·『다중』·『공통체』 읽기

**초판 1쇄 인쇄** 2014년 10월 10일
**초판 1쇄 발행** 2014년 10월 15일

–

**지은이** 윤수종
**펴낸이** 이방원
**기획위원** 원당희
**편집** 조환열·김명희·안효희·강윤경
**디자인** 손경화·박선옥
**마케팅** 최성수

–

**펴낸곳** 세창미디어
출판신고 2013년 1월 4일 제312-2013-000002호
주소 120-050 서울시 서대문구 경기대로 88 냉천빌딩 4층
전화 02-723-8660
팩스 02-720-4579
이메일 sc1992@empal.com
홈페이지 http://www.sechangpub.co.kr/

–

ISBN 978-89-5586-212-6 03100

이 도서의 국립중앙도서관 출판시도서목록(CIP)은 서지정보유통지원시스템 홈페이지(http://seoji.nl.go.kr)와
국가자료공동목록시스템(http://www.nl.go.kr/kolisnet)에서 이용하실 수 있습니다.
CIP제어번호: CIP2014028657

세창명저산책_026

윤수종 지음

제국과 대중 그리고 공통의 부

# 네그리·하트의
## 『제국』·『다중』·『공통체』 읽기

**세창미디어**

# 머리말

이 책은 3부로 구성하였다.

먼저 1부 '제국—제국주의에서 제국으로'는 네그리와 하트의 공저 『제국Empire』(2000)의 내용을 요약한 것이다. 『제국』의 내용을 서술순서에 따라 현재의 정치적 구성, 주권(통치권)의 이행, 생산의 이행, 그리고 제국의 쇠퇴와 몰락이라는 소절로 나누어 정리하였다. 그러면서 네그리와 하트가 제기한 현재의 전 지구적 권력인 제국의 모습을 '제국주의에서 제국으로'라는 경향 속에서 파악하려고 하였다. 그리고 제국 속에서 최강권력인 미국과 관련된 설명을 추가하였다.

네그리와 하트는 제국의 토대를 이루는 것은 바로 대중이라고 주장하였다. 2부에서는 그들의 책 『대중Multitude』(2004)[1]

---

1 『다중』이라는 제목으로 번역되었다.

의 내용을 중심으로 '대중의 등장과 사회운동의 방향'에 대해서 정리해 보았다. 먼저 사회과학에서 논의되어 온 대중 개념의 계보를 탐색하고 나서 네그리와 하트가 『대중』에서 주장하는 새로운 주체로서 대중의 등장에 대해서 정리하였다. 그리고 필자는 욕망의 분출과 주체성 생산, 대중의 구체적 모습으로서 소수자라는 내용을 추가하여 네그리와 하트의 대중 개념을 좀 더 풍부화하고자 하였다. 또한 사회운동의 방향과 관련하여 네그리와 하트의 『대중』에서의 주장(집중제에서 네트워크투쟁으로의 진전)에 가타리의 욕망투쟁과 주체성생산투쟁이라는 내용을 덧붙였다. 필자는 이것이 네그리와 하트의 논의에서 나타난 대중투쟁의 내용을 좀 더 구체화하는 것이라고 보았다.

이러한 논의 위에서 3부에서는 '공통의 부 – 제국시대의 대중운동'에 대해서 다루었다. 이 부분은 네그리와 하트의 책 『공통의 부Commonwealth』(2009)[2]의 내용과 비교된다. 공통 개념에 집착하여 이론적 논의를 많이 전개하는 『공통의

---

2 『공통체』라는 이름으로 번역되었다.

부』와는 달리 여기서는 공통의 부를 확장하는 운동들에 대해서 생각해 보았다. 네그리와 하트가 주목한 운동들과 상당 부분 겹치기도 하지만 그들이 주목하지 않은 다양한 운동에도 착목하고자 하였다. 필자는 제국시대의 대중운동을 대안세계화운동, 자율운동, 소수자운동과 대안운동, 보이지 않는 운동 등으로 나누어서 살펴보았다. 물론 운동들이 이처럼 명확히 구분되는 것은 아니지만 이러한 다양한 범주화를 시도하는 데에는 필자가 의도하는 바가 있다. 소수적이고 주변적인 그리고 색다른 다양한 운동을 꽃피워나가며 네트워크화하는 가운데 공통의 부를 확장하여 제국에 대항하는 또는 제국에서 벗어나는 대중의 구성권력을 만들어 갈 수 있다고 생각한다.

| CONTENTS |

# 1부
## 제국 – 제국주의에서 제국으로

전 지구화, 세계화, 지구촌이라는 말이 이제는 일상적으로 사용되고 있다. 우리는 흔히 세계 속에서 우리의 정체성을 생각할 때 국민국가라는 틀 속에서 하나의 국민을 머리에 떠올린다. 올림픽에서 각국 깃발을 휘날리며 입장하고 메달을 딴 선수들이 자국의 국기에 경례하는 모습은 그 전형이었다. 물론 지금도 그러한 의례들이 행해지고 있기는 하지만 점점 더 세계는 하나라는 생각이 퍼져나가고 있다. 그리고 네그리와 하트의 『제국』에서 보이듯이 국민국가 단위를 넘어선 네트워크로서 세계지배 현상을 '제국'이라는 틀에서 분석하려는 흐름이 있다. 물론, 다른 한편에는 전통

적인 제국주의적 국가 간 지배를 여전히 강조하는 사람들
도 있다.

　최근 제국 논의의 지형도를 살펴보면 제국이냐 제국주의
냐라는 구도가 축을 이루고 있다. 제국의 실체는 보이지 않
고 여전히 지배적인 선진국들의 후진국 지배가 관철되고
있는 상황은 제국주의적 지배형태가 지속되고 있다는 것
을 보여준다고 강변하는 사람들이 있는 데 반하여, 다른 사
람들은 국민국가는 노동대중을 훈육하는 장치 및 설비로서
작동하는 데 그치고 이미 자본이 국민국가를 넘어서 전 지
구화하고 있다고 강조한다. 또한 세계지배권력도 국민국
가 간의 관계에서 지배자가 아니라 세계기구들 간의 네트
워크로 되어가고 있다고 주장한다.

　이러한 논의 구도 속에서 미국의 패권적 경향이 부시 정
권 이래 눈에 띄게 두드러짐에 따라 '제국주의적' 입장을 강
조하는 사람들이 다시 힘을 얻기도 하였다. 오바마 정권이
등장하면서 그러한 입장은 다소 누그러졌다. 경향적으로
는 이전의 제국주의적 지배방식과는 다른, 탈근대적인 양
상들에 주목하면서 '제국적' 지배라고 보는 시각이 점차 확

산되고 있다. 동시에 제국의 지배를 미국의 지배라고 곧바로 연결시켜 생각하는 경향도 늘어났으며, 그러한 등식 속에서 제국의 '전면적' 지배에 대해서 강조하는 경향도 확대되고 있다.

그런데 이렇게 현재의 세계지배 구도를 '제국'이라는 틀로 분석하는 경우 결국은 지배의 측면만을 강조하게 된다. 말하자면 대중의 움직임에 대해서는 소홀한 것이다. '제국과 대중'이라는 문제설정이 실종되고 제국에만 초점을 맞추는 것이다. 또한 이 틀은 제국에 대항하는 대중보다는 제국의 일방적 지배를 미국에 빗대어 강조하고 있다. 특히 부시의 일방주의에 대한 비난과 맞물리면서 그러한 설명이 득세하기도 했지만, 그럴 경우 미국의 위상과 영향력을 지나치게 강조하다가 대중의 움직임을 놓치게 된다.

그와 관련해 강조해야 할 것이 주체성[1] 문제이다. 대중을

---

1 주체성(subjectivity): 주체라는 개념이 개인화하는 경향이 있는 데 반해 주체성은 집단적인 양태를 지칭한다. 즉, 주체성은 사회의 배치 속에서 사람들이 지니는 성격을 말한다. 매체와 다양한 제도(시설, 설비) 등을 통해 특정한 사람들의 성격이 형성된다는 의미에서 사용한다. 예를 들어, 현대 자본주의는 매체와 집단적 장비들을 통해 새로운 형태의 주체성을 대규모로 생산한다.

동력으로 보고 사회구성을 생각하는 방식에서는 자본에게 노동이 있다는 것 자체가 위기이듯이, 제국에게는 대중의 존재 자체가 위기이다. 더욱이 제국에 의한 자동적 위기가 아니라 대중의 움직임이 만들어내는 위기를 강조할 필요가 있다. 제국은 대중을, 자신의 적대자를 포획하려는 특성을 지니고 있기 때문에 대중이 제국의 포획구도에서 빠져나가면 제국의 존립기반이 흔들릴 것이다. 이 탈주하는 성격을 지닌 대중의 움직임에 주목할 필요가 있다. 그리고 제국 속에 붙박여 있는 미국은 '제국과 대중'의 구도 위에서 움직일 수밖에 없다.

이러한 구도 위에서 안토니오 네그리Antonio Negri와 마이클 하트Michael Hardt가 쓴 『제국Empire』은 저자들의 말대로 마르크스주의의 근거라고 할 수 있는 마르크스의 『자본론』과 탈근대론의 이론적 상징이 되어온 들뢰즈와 가타리의 『천개의 고원』을 모델로 삼아 현재의 제국주의(세계 지배 상황)를 분석한 것이다. 저자들은 이 책에서 전반적인 이론적 틀과, 제국을 이론화하기 위한 그리고 제국 안에서 제국에 대항하여 활동하기 위한 개념들의 도구 상자를 제시하고자 의도하였다.

『제국』은 한편으로는 마르크스의 『자본론』에 입각해 있다는 점에서 마르크스주의적인 설명을 많이 계승하고 있다. 『자본론』은 사회의 경제적 토대인 생산조건을 분석하면서 자본과 임노동의 관계 속에서 잉여가치 수취를 통한 착취가 일어난다는 점을 밝혔다. 또한 자본주의의 성립과 발전에서 자본가계급과 노동자계급 간의 계급투쟁을 강조한 책이기도 하다. 『제국』은 이러한 기본인식 위에서 노동자운동의 진전에 따라 자본 스스로도 변신하고 나아가 노동자계급구성[2]도 변해 왔음을 지적한다. 특히 현실 사회주의의 붕괴 이후 그리고 근대를 넘어서겠다는 탈근대론(포스트모더니즘)이 등장한 이후, 사회이론들이 문화 쪽으로 기울고 사회 변화에서 생산의 중요성을 과소평가해 온 점들에

---

2 구성(composition): 구성이라고 했지만 조성이라고 하는 편이 나을지도 모르겠다. constitution과는 다른 의미이다. 노동자계급을 형상화하기 위한 개념으로, 화학에서 화학 물질의 구성 요소들의 조합에 따라 전혀 다른 모양의 화학 물질 구조가 만들어지는 것에 착안하여 쓰는 개념이다. 노동자계급이 자체 내의 다양한 구성 요소의 결합으로 인해 새로운 성격으로 변화되는 것을 계급구성이 변하였다고 한다.

대해 비판하면서 생산의 새로운 변화를 강조하는 점에서 『제국』은 마르크스주의의 기본 입장을 견지하고 있다.

그리고 『제국』은 제국주의와의 대비 속에서 설명된다. 제국주의 개념은 마르크스의 저작 속에 단편적으로 흩어져 있는 자본의 독점화 경향에 대한 언급들 위에서 레닌이 정착시킨 개념이다. 제국주의는 기본적으로 한 국가 안에서 자본의 독점화에 따라 초과이윤을 수취하기 위해 국경을 넘어 다른 국가에 자본을 수출하는 경향을 지니며, 그러한 경향 속에서 세계적으로 지배국가와 종속국가가 편제된 체제를 말한다레닌. 1986.[3] 저자들은 마르크스의 제국주의적 경향에 대한 단편적인 서술들에 이어 소수의 독점자본이 전 인민을 지배하기 위해서는 반동화될 수밖에 없다는 레닌의 독점자본주의의 반동화 테제에 입각한 제국주의에 대한 설명, 그 후 힐퍼딩이나 로자 룩셈부르크의 제국주의에 대한 설명들을 비판적으로 전유한다.

---

3  주요 서적의 출처는 약식('저자, 출간연도' 또는 '저자, 출간연도: 쪽')으로 기재하였다. 상세한 서지정보는 참고문헌을 보기 바란다.

다른 한편으로는 저자들은 탈근대 사상의 흐름을 뚫고 나아가 반근대적인(대안근대적인) 문제설정을 공유해 나간다. 마키아벨리, 니체, 스피노자 등에 근거하여 근대적인 문제설정의 한계를 비판하고 차이와 다양성을 긍정하는 탈근대적인 문제설정을 흡수해 나간다. 더욱이 탈근대적인 문제설정을 차이와 해체로서만 받아들이는 것이 아니라 그리고 차이를 통합하거나 초코드화⁴하려는 것이 아니라, 차이들의 구성을 통해 색다른 사회를 만들어나가려고 한다.

네그리와 하트는 이러한 문제설정을 바탕으로 근대적 주권 개념을 분석해 나가는데, 국민국가에 기반한 근대적 주

---

4 코드(code): 코드는 어떤 관습이나 습관을 나타내기 위한 표지나 기호이다. 코드 개념은 아주 넓은 의미로 사용된다. 사회적 흐름과 물질적 흐름뿐만 아니라 기호적 체계들에도 적용할 수 있다.

코드화(coding): 기호를 어떤 코드에 따라 엮어서 메시지를 만드는 조작. 코드 작성. 코드화는 의미 작용과 동시에 이루어지는데, 자의적이다. 송신자의 생각을 말이나 몸짓으로 또는 그림이나 글씨로 바꾸는, 즉 메시지를 바꾸는 과정이다.

초코드화(overcoding/surcodage): 초코드화는 다양한 코드의 의미들을 하나의 대문자 기호나 기표에 준거하여 파악해 나가는 것을 말하고, 탈코드화는 이미 소통되고 있는 코드된 것을 해체하여 다른 것을 구성해 나가는 과정을 의미한다. 즉, 초코드화란 다양한 흐름을 하나의 선을 준거로 하여 통합하려는 작용을 일컫는다.

권이 네트워크 권력에 기반한 제국적 주권으로 변형되어 간다고 한다. 그들은 이러한 이행에서 탈근대화의 생산적 내용으로서 생산의 정보화에 주목한다. 제국주의에서 제국으로의 변형 과정에서 권력의 문제, 즉 주권의 변형만을 생각하는 것이 아니라 바로 그 주권이 유지되는 지형으로서 생산의 영역으로 하강하는 것이다. 더욱이 생산을 객관적인 경제적 영역의 생산으로 좁히는 것이 아니라 주체성 생산이란 측면을 강조해 나간다. 이러한 사고의 밑바탕에는 자본주의 발전을 추동하는 것이 대중의 저항이라는 인식이 깔려 있다. 푸코와 들뢰즈, 가타리의 생각을 받아들여 생체정치[5]적 생산으로의 이행, 차이를 용인하면서 통합을 해 나가려는 제국적 권력의 새로운 양상, 즉 기존의 훈육 통치에서 통제(관리) 사회로의 이행[6]을 강조한다.

----

5  생체정치(biopolitics)란 개념은 푸코가 사용한 것이다. 통상 정치가 대표를 만들거나 권력을 만들어내는 과정을 말한다면, 생체정치는 대중의 일상적인 삶 자체에 개입하여 이를 변형시켜 가는 과정을 말한다.

6  이행(transition, passage): 어떤 상태에서 다른 상태로 변해가는 것을 이행이라고 하는데 transition은 필연성이 강조된 개념이고, passage는 그렇지 않다. 마르크스주의에서는 사회 구성체나 생산 양식의 이행을 말할 때는 보통 transition을 쓰고 좀 더 부분적이거나 소규모 상태 변화에 대해서는 passage라

전반적으로 볼 때 『제국』은 그간 경직된 마르크스주의적 분석에 대한 반작용으로서 문화 및 상부구조 설명에 치우쳐 온 탈근대주의를 비판하고 넘어서려고 한다. 근대의 이성 중심성을 비판하고 해체를 지향하는 탈근대주의의 흐름은 대중에 대해, 특히 사회의 주변으로 밀려나는 대중의 양상에 대해 별로 관심을 갖지 않았다. 그에 비해 『제국』은 사회주변으로 밀려나는 다양한 사회층을 포괄하는 대중[7] 개념을 제시하면서 새로운 변혁의 가능성을 탐색하려고 한다.

또한 『제국』은 그간 다양하게 제기되어 온 제국주의에 대한 상像을 정정해 준다. 국민국가의 경계를 강조하던 그간의 제국주의 상을 해체하며, 특히 제1세계, 제2세계, 제3세계의 얽히고설키는 과정을 강조하면서 중심과 주변이라

---

는 말을 쓴다.

7  대중(multitude): 네그리가 스피노자 독해에서 도출해낸 개념이다. 개별자들이 특이성을 지닌 채 상호 작용 속에서 자신들을 드러내는 집단적인 형상을 말한다. 특정한 지배 장치에 의해 구조화되기보다는, 자신들의 개별 고유성을 소통하면서 공통성을 키워 나가는 주체적인 사람들을 말한다. 자본주의 사회에서 획일화되고 매체에 의해 주조되며 수동적인 '대중(mass)'과는 달리, 자신들의 주체적인 욕망과 주장들을 결집해 나가는 무리들을 일컫는 말이다.

는 구분에 집착하는 세계체계론적인 관점에 대해서도 비판을 가하고 있다. 저자들은 비자본주의적 환경을 포섭해나가는 자본주의의 특성을 강조하는 로자 룩셈부르크[8]의 문제의식을 확대하면서 세계시장의 보스로서 제국의 등장에 초점을 맞춘다. 특히 제국은 탈근대적인 양상들을 포섭하면서 새로운 지배의 양상을 보여준다는 점을 강조한다.

『제국』의 핵심적인 주장을 테제식으로 말한다면 '제국주의에서 제국으로'라고 할 수 있다. 그러면 네그리와 하트의 제국에 대한 설명을 요약 정리해 보자.

먼저 네그리와 하트는 식민지체제가 무너지고 전 지구화가 진전되면서 새로운 주권형태로 제국이 나타났다고 한다. 즉, 국민국가의 주권이 쇠퇴하면서 새로운 전 지구적 주권형식인 제국이 나타났다는 것이다. 유럽국민국가들

---

8 룩셈부르크는 『자본의 축적 1, 2』(룩셈부르크, 2013)을 썼으며, 자본주의는 확대재생산을 위해서 비자본주의적 환경(소생산적 농업이나 농노제적 생산양식 또는 가내경제 등)을 포섭해가면서 거기에서 초과이윤을 수취한다고 주장하였다.

간의 영토분할로 나타난 제국주의와 달리, 제국은 결코 영토적인 권력 중심을 만들지 않고, 고정된 경계나 장벽들에 의지하지도 않는다. 제국은 개방적이고 팽창하는 자신의 경계 안에 지구 영역 전체를 점차 통합하는, 탈중심화되고 탈영토화하는 지배 장치이다. 제국은 명령 네트워크를 조율함으로써 잡종적 정체성, 유연한 위계, 그리고 다원적 교환을 관리한다. 제국주의적 세계 지도에서 몇 가지로 구분됐던 국가의 색깔들은 제국적인 전 지구적 무지개 속에서 합쳐지고 섞인다.

네그리와 하트는 제국 개념을 일차적으로 이론적 접근을 요구하는 개념으로서 사용한다는 것을 강조한다. 그러면서 제국 개념의 근본특징을 몇 가지 들고 있다. 첫 번째, 제국 개념의 근본 특징은 경계가 없다는 것이다. 즉, 제국의 지배는 한계가 없다. 그래서 무엇보다도 먼저, 제국 개념은 공간적 총체성을 효과적으로 망라하는, 즉 사실상 전체 '문명civilization' 세계를 지배하는 체제를 설정한다. 어떤 영토적 경계도 제국의 지배를 한정하지 못한다. 두 번째, 제국 개념은 정복에 의해 생겨난 역사적 체제로서가 아니라 역사를 효과적으로 중지시키고 그럼으로써 현 상태를 영원한 것으로 여기는 질서로서 나타난다. 세 번째, 제국의 지배는 사회 세계의 깊숙한 곳까지 확장하는 사회 질서의 모든 작동 영역 위에서 작용한다. 제국은 영토와 주민을 관리할 뿐만 아니라 또한 자신이 존재하는 바로 그 세계를 창조한다. 제국은 인간 상호 작용을 규제할 뿐만 아니라 인간 본성을 직접 지배하려고 한다. 제국의 지배 대상은 사회생활 전체이며 따라서 제국은 전형적인 생체권력[9] 형태를 나타낸다. 마지막으로 제국은 내부갈등으로 인해 계속 피로 물들고 있지만, 제국 개념은 항상 평화 — 역사를 벗어난 영원하고 보편적인 평화— 에 집착한다고 한다.

이러한 제국 개념을 구체적으로 제시하기 위해서 네그리와 하트는 먼저 현재의 정치적 구성[10]에 대해서 살펴본다.

---

9  생체권력(biopower): 푸코가 사용한 개념으로, 권력이 신체를 비롯한 일상적인 삶 자체 속에 스며들어와 작동하고 있는 것을 나타내기 위해서 쓰는 개념이다. 권력의 미시적인 작동을 강조하기도 한다.

10  구성(constitution): 구성, 정체(政體), 헌법, 입헌(立憲) 등의 의미를 가지고 있다. 네그리는 대중이 밑으로부터 구성해 나가는 과정을 강조하면서 이 개념을 사용한다. 대중의 능동적 활동을 말하지만, 동시에 그것이 새로운 틀을 구성한다는 의미에서는 입헌을, 그리고 그 구성된 결과물에 초점을 맞

## 1. 현재의 정치적 구성

### 1) 세계 질서

제국이란 문제 설정은 먼저 세계 질서가 있다는 것을 전제로 한다. 세계 질서란 이질적인 전 지구적 세력들의 상호작용에서 자생적으로 생겨나는 것도 아니고, 전 지구적 세력들을 초월하는 단일한 권력과 중심이 명령하는 것도 아니다. 제국주의 열강들 모두를 규정하고, 통합적인 방식으로 구조화하며, 결정적으로 탈식민지적이고 탈제국주의적인 권리에 대한 공통 관념 아래에서 나타나는 권력, 이것이 제국이다.

물론 제국은 하늘에서 떨어지는 것이 아니다. 제국은 구성된다. 전 지구적 체계의 발전은 체계적 균형을 가져오는 지속적인 계약화 절차를 부과하는 기계[11]의 발전인 것 같

출 때는 헌법이라는 의미를 지닌다. 물질적인 입헌 과정을 말할 때는 헌법화(constitutionalization, 입헌)라고 한다.

11 기계(machine): 기계는 작용하고 생산하는 부분들의 결집체이다. 기계는 서로 밀어내고 선택하고 배제하는 새로운 가능성의 선을 출현시키기도 한다. 넓은 의미에서 기계는 기술적 기계뿐만 아니라 이론적·사회적·예술적 기계를 포

다. 그 기계는 전체 사회 공간을 가로질러 권위와 행위의 실행을 결정한다. 그리고 제국기계는 제국주의와는 달리, 무력 자체에 기반해서가 아니라, 무력을 권리와 평화에 기여하는 것으로 제시할 수 있는 능력에 기반해서, 갈등을 해결할 수 있는 자신의 능력에 기반해서 성립되고 구성된다. 이러한 제국으로의 이행을 나타내 주는 것이 유엔이다. 유엔은 개별국가의 주권의 인정과 정당화에 근거하고 있으며 따라서 협약과 조약에 의해서 규정된 낡은 국제적 권리의 틀 안에 자리 잡고 있다. 그럼에도 이러한 정당화과정은 주권적 권리를 초국적 네트워크로 이전하는 한에서만 효과적이다.

이러한 제국을 표현하는 새로운 초국적 사법 질서, 사법

---

함하는데, 고립되어서 작동하지 않고 집합적 배치로 작동한다. 예를 들어, 기술적 기계는 공장에서 사회적 기계, 훈련 기계, 조사 연구 기계, 시장 기계 등과 상호 작용한다. 가타리는 기계 개념을 라캉의 구조 개념에 대해 공격하면서 제시한다. 모든 주체적 움직임을 가로막는 구조 개념에 대항하여, 가타리는 이른바 '구조'라고 하는 것은 사실상 다양한 부품이 조립되어서 작동하는 것이라고 보았다. 또한 흔히 정신적인 것이라고 하는 것이나 무의식 등도 특정한 모델에 묶인 채 움직이는 것이 아니라 다양한 방향에서 다양한 다른 것과 접속하면서 움직인다(작동한다)고 생각한다. 이러한 기계 개념을 네그리도 사용한다.

적 형상들을 살펴볼 필요가 있다. 계약과 협약에 의해 규정된 전통적인 국제법으로부터 새로운 초국적 세계권력의 규정 및 구성으로의 이행을 감지할 수 있다. 특히 제국은 사법적 개념에서 윤리-정치적 동력을 작동시킨다. 윤리적인 것과 사법적인 것을 결합시킨다. 여기서 나오는 것이 '정당한 전쟁bellum justum' 개념이다. 이 개념 아래 전쟁은 치안활동의 지위로 축소되었고, 다른 한편 전쟁을 통해 윤리적 기능을 합법적으로 행사할 수 있는 새로운 권력이 의례화되었다. 국제 법률 체계와 국내 법률 체계는 절차, 예방, 청원과 같은 사법 실행을 지배한다. 규범성, 제재, 억압은 이러한 것들에서 나오며 절차적 전개 과정 안에서 형성된다. 여기서 국내법과 초국적 법은 기능 작용상 위기의 지형에서 작동한다. 하지만, 법 적용의 영역에서 위기는 '예외exception'에 초점을 맞추도록 한다.

　법률의 적용에서 예외의 기능은 매우 중요하다. 유동적인 상황을 통제하고 지배하기 위해서는, 언제나 예외적으로 개입 요구를 규정할 수 있는 능력을 그리고 위기에 처해 있는 배치의 다양성과 다원성에 다양한 방식으로 적용될 수 있는 무력과 도구들을 작동시킬 수 있는 능력을 개입 권위에 부여하는 것이 필요하다. 그러므로 여기서 개입의 예외성이란 이름으로 경찰권이라는 권리 형태가 생겨난다. 예외를 지배할 수 있는 사법 권력과 경찰력을 전개할 수 있는 능력은 제국의 권력 모델을 규정하는 좌표이다.

그러나 초국적 법의 현대적 변형을 통해서 제국의 구성 과정은 직간접적으로 국민국가의 국내법에 침투하거나 그것의 윤곽을 다시 그린다. 이러한 변형의 가장 중요한 징후는 개입권의 발전이다. 개별적인 주권국가나 초국적 (유엔) 권력은 자발적으로 맺은 국제조약들의 적용을 확보하거나 부과하는 데만 개입하는 것이 아니다. 이제는 권리에 의해서가 아니라 합의에 의해서 정당화되는 초국적 주체들이 모든 형태의 비상사태에서 보다 상위의 윤리적 원리(정의)의 이름으로 개입한다.

## 2) 생체정치적 생산

사법적 개념들과 사법 체계들은 사회 현실에서 자신들의 작용을 규정하는 물질적 조건들을 나타낸다. 물질적 조건들의 변화와 관련하여 푸코의 작업에 기대어 설명해 나갈 수 있다.

제국적 지배의 구체적 기능 작용과 관련하여, 먼저 훈육 사회에서 통제(관리) 사회로의 이행을 생각할 수 있다.[12] 훈육 사회는 관습, 습관, 생산관행을 생산하고 규제하는 배열장치dispositifs나 장치의 분산된 네트워크를 통해 사회적 명령이 이루어지는 그런 사회이다. 이러한 사회를 작동시키며 포섭 혹은 배제의 메커니즘과 자신의 지배 규칙에 복종시키는 것은 사회적 지형을 구조화하고 훈육의 '이성reason'에 적합한 논리를 제공하는 훈육 제도들(감옥, 공장, 정신병원, 병원, 대학, 학교 등)을 통해 수행된다. 자본축적의 첫 국면은 이러한 권력 패러다임 아래에서 나타났다고 말할 수 있다. 반대로 통제(관리) 사회는 명령 메커니즘들이 더욱더 '민주적'이고 더 한층 사회적 장에 내재적이며, 시민들의 두뇌와 신

---

12 훈육(discipline): 푸코가 자주 사용한 용어로 지배체제가 국민이나 대중을 체제에 순응시키는 과정을 말한다. 특히 푸코는 여러 가지 제도를 통한 훈육장치의 내면화를 언급하였다. 들뢰즈는 좀 더 유연하고 매끄러운 지배방식을 통해 훈육을 더욱 내재화하는 사회를 통제(control) 사회라고 하였다.

체를 통해 배분되는 사회이다. 권력은 이제 (정보 체계, 정보 네트워크 등에서) 두뇌와 (복지 체계, 감시 활동 등에서) 신체를 생활 감각 및 창조 욕망으로부터 자동적으로 소외되는 상태로 직접 조직하는 기계들을 통해 실행된다. 통제 사회는 우리의 공통적이고 일상적인 실행들을 내적으로 활성화하고 정상화(표준화)하는 훈육 장치들의 강화와 전면화에 의해 특징지어지지만, 훈육과는 반대로 이러한 통제는 유연하고 동요하는 네트워크들을 통해 사회제도들의 구조화된 자리들을 훨씬 벗어나 확장된다.

권력 패러다임의 변화에서도 생체정치적 성격을 읽어낼 수 있다. 권력은 모든 개인을 포괄하고 자발적으로 재활성화하는 본질적이고 결정적인 기능이 될 때에만, 주민의 전체 생활에 대해 효과적인 명령을 내릴 수 있다. 이러한 권력은 생활(삶)에 철두철미하게 침투하여 이를 관리하려고 한다. 이처럼 사회생활을 내부에서 규제하고, 따라다니고, 해석하고, 흡수하고, 재접합하는 권력 형태를 생체권력이라 할 수 있다.

통제 사회와 생체권력에 대한 이러한 개념화는 제국 개

념의 중심적 측면들을 묘사한다. 제국 개념은 주체들의 새로운 다변성을 이해해야 하는 틀이며, 새로운 권력 패러다임이 나아가고 있는 끝이다. 국제 질서의 정당성은 더 이상 매개(유엔과 같은 조직체나 조약, 협약 등)를 통해서 이루어지지 않고 오히려 전적으로 다양하게 직접적으로 파악된다. 법의 지배는 계속되지만, 즉 권리는 효율적인 채 남아 있지만 정확히 예외 국가와 경찰 기법에 의해서 절차가 된다. 이것은 권력과 주체성들 사이의 비매개적 관계를 드러내는 것이며, 제한되지 않은 전 지구적 공간 전역에서, 생체정치적 세계의 깊은 곳에서 예견할 수 있는 일에 대처하는 것이 새로운 초국적 권리를 규정하는 근거가 된다.

20세기 후반에 들어서서 다국적이고 초국적인 산업, 금융 기업들이 사실상 전 지구적 영토들을 생체정치적으로 구조화하기 시작한다. 기업의 활동은 더 이상 추상적인 명령의 부과와 단순한 도적질, 부등가교환에 의해서 규정되지 않는다. 오히려 기업 활동은 직접적으로 영토와 주민을 구조화하고 접합한다. 초국적 자본은 직접적으로 노동력을 다양한 시장에 배분하며, 자원을 기능적으로 할당하며,

세계 주민의 다양한 부문을 위계적으로 조직한다. 투자를 선별하고 재정·통화 책략을 지시하는 복잡한 장치가 세계 시장의 새로운 지도를 혹은 사실상 세계의 새로운 생체정치적 구조화를 결정한다.

그러므로 거대한 산업, 재정 기업들의 역능은 상품뿐만 아니라 주체성도 생산한다. 즉 욕구, 사회관계, 신체, 그리고 마음을 생산한다. 그와 더불어 생체정치적인 질서 생산은 소통 산업에 의해 발전되는 언어, 소통,[13] 그리고 상징의 생산이 지닌 비물질적 연계 속에서 이루어진다. 소통 네트워크의 발전은 새로운 세계 질서의 등장과 유기적 관계를 지닌다. 소통 산업은 생산을 새로운 규모로 조직하고 전 지구적 공간에 적합한 새로운 구조를 부과할 뿐만 아니라 새로운 세계질서를 정당화한다. 새로운 세계 질서의 정당화는 이제 소통 산업들에서, 즉 차이를 강제로 없애거나 중화

---

13 소통(communication): 네그리와 하트는 communication을 넓은 의미로 사용한다. 매체에 의한 상호 작용에 한정하지 않고 다양한 상호 작용을 소통으로 생각한다. 횡단적인 소통이 확장되는 것을 코뮤니즘으로 나아가는 길이라고 할 수도 있을 것이다.

시키기 전에 자기 생성적이고 자기 조절적인 균형 활동을 통해 차이를 흡수하는 제국적 기계에 의해 이루어진다.

정당성의 이러한 새로운 틀은 정당한 무력을 행사하는 새로운 형태를 포함한다. 제국적 개입을 위한 정당한 힘(무력)의 병기고는 이미 광대하고, 군사적 개입뿐만 아니라 도덕적 개입과 사법적 개입과 같은 다른 형태들도 포함하고 있다. 특히 도덕적 개입은 뉴스 매체와 종교 조직을 포함하는 다양한 기구에 의해 실행되지만, 최근 가장 중요한 실행 주체는 NGO일 것이다. NGO는 정부에 의해서 직접 운영되지 않기 때문에 바로 윤리적이거나 도덕적인 정언명제에 기초하여 행동하는 것으로 상정된다. 그렇지만 인도주의적인 NGO는 실제로 새로운 세계 질서의 가장 강력한 평화적 무기에 속한다.

전체적으로 제국 자체의 주권은 경계(국경)가 유연하고, 정체성이 잡종적이고, 유동적인 주변들에서 실현된다. 제국의 구성은 어떤 계약 메커니즘 혹은 조약에 기초한 메커니즘에 기초해서도, 어떤 연방적 근거(자원)를 통해서도 이루어지지 않는다. 제국의 기반을 이루는 제국적 규범성의 자원은 새로운 경제적-산업적-소통적 기계, 즉 전 지구화된 생체정치적 기계에서 생겨난다.

## 2. 주권(통치권)의 이행

네그리와 하트는 현재의 정치적 구성을 '제국'이라고 제시하고, 제국주의에서 제국으로의 이행을 주권의 이행과 생산의 이행으로 나누어서 탐색한다. 주권의 이행, 이른바 상부구조의 변화를 살펴보자. 물론 네그리와 하트는 상부구조와 토대라는 전통적인 마르크스주의적 이원론을 거부한다.

### 1) 두 개의 유럽, 두 개의 근대성

유럽과 근대성은 처음부터 투쟁, 갈등, 위기로 특징지어졌다. 그 과정에서 근대 주권 개념은 내재성[14]의 구도에 대

---

14 내재성(immanence): 개념, 언어, 이념 등과 관련하여 존재하는 모든 것이 인간에 의해 바로 현실세계 표면 위에서 구성되며 존재한다는 의미에서, 즉 어떠한 것도 외부에서 부과된 것이 아니라 인간 자신들 속에서 구성된다는 의미에서 내재성이란 개념을 사용한다. 내재성은 초월성과 대립된다.

한 혁명적 발견, 이러한 내재적인 힘들에 대항한 반작용과 권위 형식의 위기, 이러한 위기를 내재적인 힘들의 구도를 초월하고 매개하는 주권의 장소로서 근대 국가 구성체 속에서 부분적이고 일시적으로 해소하는 계기들을 통해 정립된다.

이 과정에서 근대성의 두 가지 양식을 확인할 수 있다. 첫 번째 근대성 양식은 철저한 혁명적 과정이었다. 첫 번째 근대성은 자신의 과거와의 관계들을 파괴하고, 세계 및 삶의 새로운 패러다임이 지닌 내재성을 선언한다. 이러한 근대성은 지식 및 행위를 과학적 실험으로 발전시키고, 인간성과 욕망을 역사의 중심에 설정하면서 민주주의 정치를 향한 경향을 규정한다. 이것은 흔히 세속화 과정으로 묘사되기도 한다. 새롭게 등장하는 운동들 및 역동성들의 힘을 지배하고 몰수하는 지배 권력을 세울 수 있도록 구축된 두 번째 근대성 양식이 있다. 이것은 내재적인 구성권력[15]에

---

15 구성권력(constituent power), 구성된 권력(constituted power): 대중의 활동을 지배장치 안에 묶어두려는 기존의 권력형태를 구성된 권력이라고 한다면, 일련의 사법적·정치적 틀을 끊임없이 창조하고 활성화하는 권력형태를 구성권

대항하여 초월적인 구성된 권력을, 욕망에 대항하여 질서를 설정한다. 근대성 자체는 이처럼 내재적이고, 구축적이며, 창조적인 세력들과 질서를 재건하려는 초월적 권력 간의 부단한 갈등에서 태어나는 위기에 의해 규정된다.

유럽 근대성의 내부적 갈등은 전 지구적 규모에서 외부적 갈등으로 비추어졌다. 유럽 안에서 구성적이고 전복적인 세력들을 통제하려 한 동일한 반혁명 권력이 또 다른 주민(인구)들을 유럽의 지배에 종속시킬 가능성 및 필요성을 추구하기 시작했다. 근대성의 위기를 해결하기 위한 반혁명적 기획은 형식적으로 자유로운 수많은 주체를 훈육시킬 수 있는 초월적 장치를 구축함으로써 내재성 관념을 지배(제압)하는 것이었다.

초월적인 정치적 장치를 찾아내는 데서 근본적인 이행은 대중이 지닌 모든 자율적인 권력(힘)을 그것을 지배하고 그것 위에 서 있는 주권 권력에 이전하는 계약에 의해 이루어

---

력이라고 한다. 구성권력은 특히 아래로부터의 대중의 활동에 의해 구성되는 권력형태를 말한다. 군주제보다는 귀족제가, 귀족제보다는 민주제가 구성권력의 성격을 좀 더 띠고 있다고 할 수 있겠다.

진다. 주권은 초월성과 대표성에 의해 규정된다. 하지만 근대 주권을 유지하는 토대에는 자본주의의 발전과 사회적 재생산 가치의 근거로서 시장이 있다. 이처럼 주권과 자본의 종합이 완전히 이루어질 때, 그리고 권력의 초월성이 완전히 선험적인 권위 실행으로 변형될 때, 그때 주권은 전체 사회를 가로질러 지배하는 정치 기계가 된다.

### 2) 국민국가의 주권

근대성의 위기를 해결하거나 적어도 봉쇄하기 위해 권력 기계들이 구축되었다. 그 과정에서 하나의 주요한 대응 방식이 바로 국민의 탄생이었다. 영토 세습제의 신학적 근거를 초월적인 새로운 근거로 대체하는 점진적 과정에서 왕의 신성한 신체보다 오히려 국민의 정신적 정체성이 주요한 위치를 차지하게 되었다. 주권은 국민(민족)의 정체성, 즉 혈연관계의 생물학적인 연속성, 영토의 공간적인 연속성, 그리고 언어적 공통성에 근거한 문화적이고 통합적인 정체성에 의해 안정화되었다.

또한 주권의 변형 과정에서 봉건적인 신민에서 훈육적인

시민으로의 주민의 전환은 주민의 수동적 역할이 능동적 역할로 전환되었음을 나타낸다. 그리고 부르주아지의 정치적 승리는 국민주권 개념을 통해 근대 주권 개념을 완성하는 것이었다. 주권의 초월적인 모습은 현실로 내려와 현실의 제도적이고 행정적인 과정에 놓이게 되었고, 따라서 정당화 문제는 권력 실행의 분절[16]들을 통해 기능하는 행정기계의 측면에서 다루어지기 시작하였다.

주권이 불안정해지자 근대성의 위기에 대한 하나의 해결책으로서 처음에는 국민이 언급되었고, 그 후 국민 역시 불안정한 해결책으로 드러났을 때는 인민[17]이 언급되었다. 근

---

16 분절, 접합(articulation/Gliederung): 다양한 뼈들이 연골에 의해 접골된 상태를 의미하는 말이다. 마르크스는 『요강』(정치경제학 비판 요강)에 있는 서설에서 생산, 소비, 분배, 유통 등이 서로 연결되어 있는 상태를 지칭하면서 Gliederung이란 표현을 사용했다. 알튀세르가 이 개념을 articulation이라고 하면서 접합이라는 의미로 사용하였다. 또한 서로 다른 것을 연결시켜 놓은 상태를 의미하기 때문에, 나누어진 상태를 강조할 때에도 쓰인다. 언어의 이중 분절이란 용어에서처럼 언어는 형식과 내용이라는 두 개의 다리를 가진 하나의 가재와 같다는 의미에서는 분절이라는 용어를 사용한다.

17 인민(people): 인민 개념은 국민 개념보다는 좀 더 피지배계급의 성격을 강조하는 개념이다. 대중(multitude)이 개별자들의 고유성과 욕망, 그들의 역능을 강조하는 개념임에 반해서, 인민은 피치자 '대중(mass)'을 의미한다. 또한 대중은 획일화되고 매체에 의해 주조되는 수동적인 무리로서 '대중(mass)'과는 달

대적 인민 개념은 국민국가의 산물이고 국민국가의 특정한 이데올로기적 맥락 안에서만 존속한다. 인민은 자신을 벗어나 있는 것을 배제하고 그것과 자신의 차이를 설정하면서 내적으로는 정체성과 동일성으로 향하는 경향이 있으며, 대중multitude의 다양한 의지 및 행동으로부터 독립적이고 종종 그것과 충돌하는 하나의 단일한 의지 및 행동을 제공한다. 따라서 모든 국민주권은 자율적인 대중을 복종하는 인민으로 만들려고 한다.

18세기와 19세기에 유럽에서 국민 개념과 관련하여 두 가지 작용이 근대적 인민 개념의 구축에 기여한다. 하나는 자신들의 원주민 타자와의 변증법적 대립의 놀이 속에서 유럽 인민들의 정체성을 구축하는 식민적 인종주의 메커니즘이고, 다른 하나는 하나의 헤게모니적인 집단, 인종, 혹은 계급이 전체 인구(주민)를 대표한다는 것을 통해 내적 차이를 감추는 것이다.

---

리, 자신들의 주체적인 욕망과 주장을 결집해 나가는 개별자들의 집합체를 말한다.

이렇게 만들어진 국민 개념은 지배자의 수중에서는 울혈(정지)과 복고를 촉진하는 반면, 피지배자의 수중에서는 변화와 혁명의 무기인 것 같다. 국민은 더 강력한 외부 세력들에 대항하는 방어선인 한에서, 그리고 잠재적 공동체(하나의 국민)의 공통성(통일)을 제시하는 한에서 진보적이다. 그러나 국민(민족)은 공동체를 상상하는 유일한 방식이 되며, 또한 외부(다른 국민)와 관련하여 방어적 역할을 수행하는 구조들은 내적으로 억압적 역할을 수행한다. 더욱이 국민국가 형태 속에서 민족이익이란 깃발 아래 국민은 전체주의로 향하는 모습을 보이기도 하였다.

### 3) 식민지 주권의 변증법

처음부터 근대성의 위기는 인종적 종속 및 식민화와 밀접한 관련을 가졌다. 국민국가는 자신의 영역 안에서는 인민의 순수성을 창조하고 재생산하기 위해 애쓰는 반면, 외부에서는 타자들을 생산하고, 인종 차이를 창조하고, 근대적 주권 주체를 한정하며 지지하는 경계들을 세운다. 비유럽적 타자들을 부정(소극)적으로 만들어냄으로써 최종적으로 유럽적 정체성 자체를 만들고 유지하는 것이다.

이러한 과정 속에서 식민지는 필연적으로 이중적이며 억압할 수 없는 자신의 적대자로서 유럽적 근대성에 변증법적으로 대립한다. 식민지적 정체성은 무엇보다도 마니교적(이원론적)인 배제 논리를 통해 기능하고, 식민지적 정체성의 구축은 중심부와 식민지 사이의 경계의 고정성에 크게 의존한다.

그러나 현실 속에서의 자본과 식민노예제의 관계는 훨씬 더 밀접하고 복잡하다. 자본은 세계 도처에 현존하는 노예생산체계를 포섭하고 재강화할 뿐만 아니라 새로운 노예체계를 창조했다. 식민지들에서 노예노동은 유럽의 자본주의를 만들었으며, 유럽의 자본은 노예노동을 결코 포기하려고 하지 않았다. 물론 유럽 열강들이 대서양을 건너 노예경제의 기초를 다졌던 바로 동일한 시기에 유럽에서 농업경제의 재봉건화가 존재했고, 그러므로 노동이동을 차단하고 노동시장조건을 동결하려는 매우 강력한 경향이 존재했다.

식민지에서의 사회적 상황은 결코 순수한 적대세력들 간

의 절대적 이항으로 깔끔하게 분류되지 않고, 현실은 항상 중식하는 복수성[18]들로 나타난다. 하지만 정체성과 타자성을 생산하는 추상기계[19]로서 식민주의는 식민지 세계에 이항 분할을 부과한다. 이러한 타자성의 절대적 부과는 부메랑식의 효과로서 대항 폭력에 직면한다. 노예제는 경제적 이유에서가 아니라, 반란 노예들에 의해 전복되게 된다.

또한 민족(국민) 해방이라는 국민 주권의 진보적 기능은, 반제투쟁이나 민족주의 운동이 근대화 기획을 수행할 책임을 진 새로운 지배 집단을 강력하게 확립하는 대리 delegated 투쟁이 됨으로써 퇴색한다. 대중을 대표하는 인민, 인민을 대표하는 국민, 국민을 대표하는 국가라는 대표제

---

18 복수성(multiplicity): 다양성, 다기성. 절대자나 보편자가 아닌 무한자. 복수성은 특이성(singularity, 개별자)이 하나의 보편자나 절대자로 환원되지 않고, 강렬도를 지닌 채 다양한 방향으로 나아감으로써 만들어 낼 수 있는 다양성을 의미한다.

19 추상기계(abstract machine): 특수한 기계, 과정 또는 배치를 이루는 내재적 관계. 감옥, 공장, 학교, 죄수, 노동자, 학생 등의 형태화된 내용이나, 형법, 규약, 법규 등의 형태화된 표현과는 달리 형태화되지 않는 순수한 기능으로서의 양자에 공통적으로 작용하는 메커니즘을 말한다. 푸코에게서 판옵티콘이 이에 해당한다고 할 수 있다. 들뢰즈와 가타리는 이러한 추상기계는 구체적인 과정 속에서 현실적으로 작동하고 있다는 점을 강조한다.

의 연쇄고리에 입각한 국민국가의 주권은 부르주아 권력을 만들어 내지만, 식민지에서 벗어난 국민국가는 내부의 억압적인 지배구조를 지닌 채 전 지구적 자본 질서에 종속된다.

### 4) 이행의 징후들

식민주의의 종결과 국민의 쇠퇴하는 역능은 제국 주권 패러다임으로의 전반적 이행을 나타낸다. 여기에 탈근대적인 제국 주권으로의 이행을 나타내는 몇 가지 징후들이 있다.

먼저 근대적인 이분법을 공격하고 파편화된 정체성들을 긍정하며, 표준적인 권력적 인물(像) – 백인, 남성, 유럽인 – 을 공격해 나가는 차이의 정치를 언급할 수 있다. 급진적인 탈근대적 차이의 정치는 난민, 주변자, 피착취자, 그리고 피억압자들의 가치와 목소리를 체현한다. 그러나 이것은 제국 지배의 기능들과 실행들에 대항하여 효과적이지 않을 뿐만 아니라, 심지어 그것들에 일치하고 그것들을 지지할 수조차 있다. 또 다른 징후는 잡종성[20]의 해방을 추

구하고 식민지적 이분법을 넘어서려는 탈식민주의 담론[21]
이나 탈식민주의 기획에서 볼 수 있다. 지배적인 이분법적
구조를 지닌 권력을 전복하기 위해 차이의 복수성을 긍정
한다는 점에서 탈식민주의 기획은 탈근대주의와 만난다.
그리고 이행의 색다른 징후로는 근본주의를 들 수 있다. 근
본주의는 흔히 이해되듯이 전근대 세계의 재창조가 아니
라, 오히려 진행 중인 현재의 역사적 이행에 대한 강력한
거부라고 할 수 있다. 예를 들어 이슬람 근본주의들은 근대
성과 근대화에 대해 단호하게 반대하는 데서 매우 일관되
게 통일되어 있다.

다만 탈근대주의 담론들은 우선적으로 전 지구화 과정에
서의 승리자에게 호소하는 반면, 근본주의 담론들은 패배
자에게 호소한다고 할 수 있다. 달리 말하면 증가된 이동

---

20 잡종성(hybridity): 다양한 특성을 동시에 지니는 상태를 말한다. 단순히 혼합
   된 특성에서 더 나아가 다양한 특성이 섞이면서 새로운 특성들을 지니게 된 상
   태를 말한다.
21 담론(discourse): 어떤 의미나 관념을 언술로 바꾸는 행위. 청자와 화자를 가정
   하고 이루어진 기호학적 틀이자 메커니즘이다. 흔히 이야기체나 텍스트로 나
   타난다.

성, 비결정성, 그리고 잡종성을 향한 현재의 전 지구적 경향은 일부 사람들에 의해서는 일종의 해방으로 그러나 다른 사람들에 의해서는 고통의 악화로 경험된다.

이러한 징후들에 덧붙여 가장 강력한 징후는 세계 시장이데올로기이다. 세계 시장은 자신의 무한한 복수성을 가지고 모든 이분법적 분할을 압도한다. 세계 시장은 국민국가의 경계들을 파괴하는 경향이 있으며, 국민국가가 부과해 왔던 종류의 이분법적 분할로부터 벗어나 차이들을 관리해 나간다. 기업은 자신의 영역 안에 차이를 포함하려 하며, 따라서 작업장에서 창조성, 자유로운 활동, 다양성을 최대화하는 데 목표를 둔다. 그리고 이러한 기획을 '다양성 경영'이라고 적절하게 부른다.

그러나 이러한 이행의 징후를 읽으면서 전복의 주체로서, 모든 역사 시기에 항상 현존하는, 공통의 생활(삶) 형식 주변에서 확인되며 어디에서나 동일한 사회적 주체인 가난한 자(빈민)를 찾을 수 있다. 가난한 자는 삶의 공통 분모이며, 대중의 토대이다. 오늘날 생체정치적인 생산 체제에서 그리고 탈근대화 과정에서, 가난한 자는 종속되고 착취당하는 모습이지만, 그럼에도 불구하고 생산의 모습을 띤다. 이들을 정치적이고 생산적인 지형의 중심에 다시 놓는 것이 탈근대성의 핵심적 발견 내용일 것이다.

## 5) 네트워크 권력: 미국 주권과 새로운 제국

제국의 권력 피라미드 속에서 대의제 메커니즘을 뚫고 나서는 대중이 있다. 제국을 위기에 몰아넣는 대중은 대의제적인 활동이 아닌 구성적인 활동을 만들어간다. 물론 대의제적인 틀 속에서 움직이지만 제국의 지배질서에 저항하면서 대중의 역능을 확장해 나가는 다양한 흐름도 있다.

지배의 측면만을 보는 사람들은 제국을 미국의 힘이 더욱 강해진 제국주의적 모습이라고 본다. 그러나 제국주의 시대와는 달라진 대중의 움직임에 주목한다면 제국주의 시대와는 다른 대립구도를 인식할 수 있다. 미국은 바로 제국 속에서 움직이는 최강권력이지만 제국에서 벗어날 수 없다. 또한 그렇기 때문에 제국에 대립하는 대중의 움직임에 영향을 받지 않을 수 없다.

### (1) 미국 주권의 제국적 성격

미국은 어떻게 해서 제국 속에서 이러한 최강의 위치를 차지할 수 있었는가? 많은 사람은 스페인에서 영국으로 그리고 미국으로 최강권력이 옮겨졌으며 일본으로 옮겨갈지도 모른다고 점쳤다. 물론 그때는 주로 산업생산력이라든가 군사력이라든가 하는 자본과 국가의 권력을 가장 먼저 생각한다. 그런데 정말 그런 것만 가지고 최강권력이 될 수 있을까?

중요한 것은 미국 주권이 그 형성과정에서 제국적 주권의 기반을 이루어 나갔다는 것이다. 이것은 유럽이 기울어져 가면서 많은 사람이 미국이라는 신세계로 넘어가 광활한 대지 위에서 인디언을 죽이고 주권을 설립하는 과정이었다. 이것은 동시에 대중의 구성과정과 잇닿아 있다. 미국의 힘은 미국 대중의 힘을 구성해 나갔다는 것이다.

구체적으로 살펴보면, 아메리카 혁명(미국 독립전쟁)은 근대 주권의 계보에서 커다란 혁신과 단절의 계기를 나타낸다. 독립 투쟁에서 생겨난 대안적 가능성들의 풍부한 역사를 통해 형성된 미국의 헌법 기획은 유럽의 주권과는 다른 새로운 제국적 주권 형성의 기반이었다.

대중의 질서는 권력 및 권리 자격의 양도에서가 아니라 대중의 내적인 배치[22]에서, 네트워크 속에 서로 연결된 역능의 민주적 상호 작용에서 생겨나야 한다는 생각에 기초하여 주권을 구성해 나갔다. 여기서 미국 주권 관념은 사회를 구성할 수 있는 대중의 권력에 근거하고, 대중 자체의 갈등적이고 다원적인 산물이라는 성격을 지니며, 무한한 지형 위에서 작동하는 개방적이고 팽창적인 기획으로 향하는 경향을 지닌다. 즉, 네트워크 속에 있는 팽창적 권력으로서 주권의 성격을 지니게 되었다.

역사적으로 보면 제국적 주권 관념의 실현은 미국 헌정사의 서로 다른 국면들을 통해 전개된 장구한 과정이었다.

---

22 배치(arrangement/agencement): 다양한 기계 장치가 결합되어 일체를 이룬 상태를 말한다. 배치는 생물학적·사회학적·기계적·영적·상상적인 구성 요소들뿐만 아니라 이질적인 구성 요소들을 포함한다. 배치는 힘의 흐름들 및 이 흐름들에 부과된 코드 및 영토성과 관련되지만, 배치라는 개념에서 이 흐름들은 코드와 영토성에 의해 고정되지 않고 끊임없이 새로운 흐름들을 생산한다는 점이 강조된다. 무의식에 대한 분열 분석 이론에서 볼 때, 배치는 구조주의적인 프로이트 해석에서 라캉이 말하는, 모든 것을 설명하는 준거가 되고 환원의 고정점인 '콤플렉스'를 대치하는 것이다.

미국 헌법의 첫 국면에서 국경의 열린 공간은 공화주의적 민주주의의 개념적 지형이 되었다. 이러한 미국의 지형은 유럽의 전형적인 중앙집권화 및 위계 형식으로부터 자유로 웠다. 미국의 시민 사회는 봉건적이고 귀족적인 권력의 무 거운 족쇄 속에서 발전하지 않고, 매우 다른 근거에서 출발 하였다. 거대한 열린 공간들을 가로질러 대중이 주도권을 구성해 나가는 과정은 권력의 중심화를 물리쳐왔다.

그러나 미국 헌정사의 첫 국면에서 그렇게 중요한 역할 을 하는 열린 공간에 대한 이러한 유토피아는 아메리카 원 주민(인디언)을 절멸시킴으로써만 가능했다. 물론 아메리카 원주민이 헌법 바깥으로 던져진 반면 아프리카계 아메리카 인(흑인)은 처음부터 헌법 안에 배치되었다. 아메리카 원주 민들은 새로운 공화국이 그들의 노동에 의존하지 않았기 때문에 배제될 수 있었으나, 흑인 노동은 새로운 미국의 근 본적인 지지물이었다.

제국적 주권은 언제나 자신의 영역 안에서의 그리고 국 경에서의 장벽들과 경계들을 극복해야만 한다. 이러한 끊 임없는 극복이 제국적 공간을 열리게 하는 것이다. 그런데 흑인과 백인, 자유인과 노예 사이의 거대한 내적 장벽은 제국의 통합 기계를 차단했으며 열린 공간들에 대한 이데올로기적 요구를 꺾어버렸다.

공간의 팽창이 더 이상 가능하지 않고 따라서 더 이상 갈등을 해결하는 전략으로 사용될 수 없었기 때문에 사회적 갈등은 직접적으로 폭력적이고 화해할 수 없는 사건으로 나타났다. 거대한 미국노동자운동의 등장은 헌법적인 매개 공간의 폐쇄를 그리고 갈등의 공간적 위치이동의 불가능성을 확인했다. 체계 안에서의 계급적대를 진정시키는 것이 불가능하다고 인식한 미국(권력)은 유럽식 제국주의 정책(루스벨트)과 국제주의적인 평화이데올로기(윌슨)로 대응하였다.

서유럽의 복지 체계 구축과 미국의 뉴딜정책은 소련 혁명이 불러일으킨 위협, 즉 국내외에서 증가하는 노동자운동의 힘에 대한 반응이라고 할 수 있다. 미국은 자신이 점차 계급 적대를 진정시킬 필요에 의해 추동된다는 것을 알았고 냉전 이데올로기를 지닌 채 국내외에서 직접적이고 잔인한 제국주의적 기획들을 만들어갔다.

세계 전역에서 해방투쟁들을 억압하는 세계 경찰이자 주모자로서의 미국 정부의 모습은 실제로 1960년대나 진정한 의미에서의 냉전의 시작과 더불어 태어난 것이 아니라, 거슬러 올라가 소비에트 혁명 그리고 아마도 심지어는 흑인 노예제, 그리고 아메리카 원주민에 대한 인종 학살 전쟁에서부터 비롯된 것이라 할 수 있다.

특히 베트남 전쟁은 미국 헌정의 제국주의적 성격을 좀더 제국적 성격으로 바꿔놓는 계기가 되었다. 베트남 전쟁이라는 미국의 제국주의적 모험의 돌이킬 수 없는 군사적 패배에 앞서, 보다 중요한 것은 공화주의적 원리들로 복귀하도록 하는 압력과 애초의 헌법 정신이 강력한 내부의 사회운동들에 의해 이미 준비되었다는 것이다. 이제 막 미국이 해외에서 제국주의적 모험에 아주 깊숙이 휩쓸려 들어갔을 때, 애초의 헌법적 기획으로부터 아주 멀리 떨어져 방황했을 때, 그러한 입헌 정신은 국내에서 반전운동뿐만 아니라 시민권운동과 흑인권력운동, 학생운동, 그리고 여성운동의 제2의 물결(제1의 물결이 참정권 운동이었다면 제2의 물결은 여성의 정체성과 제반 권리를 신장시키려는 운동)에서 가장 강력하게 꽃피었다. 다양한 구성 요소를 지닌 신좌파의 출현은 구성권력 원리에 대한 거대하고 강력한 확인이었으며 사회적 공간들의 재개방에 대한 선언이었다.

1980년대 말 현실사회주의의 변화는 제국적 상황을 더욱 확고히 했다. 대중의 분출을 담아내지 못한 현실사회주의는 네트워크 권력으로 전환되지 못하여 권력으로서 스스로 붕괴되었고, 그 안에 있던 대중은 국민국가라는 지금까지의 틀을 확실히 집어던지고 제국 속에 더욱 깊이 편입되었다.

이상에서 본 대로 미국이 제국적 권력에서 특권적인 지위를 지니는 이유는 여러 가지가 있다. 부분적으로는 미국의 역할(특히 군사적 역할)이 소련에 대항하는 투쟁에서의 중심적인 모습에서, 새롭게 통합되는 세계 질서에서의 중심적인 모습으로 지속되면서 넘어간다는 것이다. 그러나 헌정사(대중의 구성과정)의 관점에서 보면, 미국이 자신의 고유한 헌법의 제국적 경향에 의해 더욱 중요하게 특권화된다고 할 수 있다. 미국 헌법은 제국적인데, 왜냐하면 (언제나 폐쇄된 공간들에서 자신의 권력을 선형적으로 확산하려 하며 종속적인 나라들을 침략하고 파괴하고 자신의 주권 안에 포섭하는 제국주의적 기획을 넘어서) 무한한 지형을 가로지르는 네트워크들 속에서 끊임없이 다양하고 특이한 관계를 재발명하며 열린 공간을 재접합하는 모형 위에서 구축되기 때문이다. 이것은 또한 더욱더 다양한 층의 대중을 포획해 나가는 과정이기도 하였다.

### (2) 미국의 영향력

미국의 영향력을 이야기할 때 엄청난 무력을 통해 상대방(적이라고 규정한 국가나 집단)을 초토화시키는 것을 생각한다. 9.11 사태 이후 부시의 '테러와의 전쟁' 정책 과정에서 나타나는 전쟁들은 그것을 여실히 증명해주었다. 물론 그 무력이라는 힘을 무시하고 이야기하는 것 또한 낭만적인 접근일 것이다. 그러나 미국의 무력을 빈 라덴 식의 무력(폭력)으로 대응하겠다는 것은 1970년대에 유럽에서 국가폭력에 저항하던 무장투쟁집단(적군파, 붉은 여단 등)의 활동을 반복하는 것처럼 보인다. 국가폭력을, 제국적 폭력을 증폭시키는 폭력운동 방식을 비판하지 않고는 대중의 삶을 풍부하게 하는 운동은 불가능하다. 폭력을 다르게 사용하는 방식을 개발하지 않고 제국권력의 폭력방식과 같은 방식으로 대응해서는 더 힘센 제국권력에게 질 수밖에 없다. 폭력 비판은 폭력의 실존을 부정하거나 지배폭력과 꼭 닮은 대항폭력을 주창할 것이 아니라, 폭력의 사용방법을 인민대중을 위한 방향으로 발전시켜 나가는 것이어야 한다.

이와 관련하여 미국의 다른 나라에 대한 테러/전쟁은 바로 미국 국내 테러와 연결되어 있다. 이미 역사적으로 아메리카 원주민 말살과 흑인노예제라는 폭력은 말할 것도 없고 1960년대 이후 다양한 권력운동에 대한 무참한 절멸 작전이 있었다. 시민권운동 이후 권력운동으로 전환해 나갔던 흑인운동, 특히 블랙팬더당에 대한 폭력적 탄압과 절멸 작전은 두드러진 사례이다. 미국 내 다양한 급진적 운동에 대한 파괴공작은 정치영역에서 어떤 변화도 허용하지 않는 양당정치를 만들어왔다. 현실사회주의권이 붕괴하면서 서유럽에서는 실질적인 다당제로의 변화와 함께 좌파집권이 두드러졌고, 제3세계 나라에서도 좌파나 야당의 정권 장악이 나타나고 있다. 이러한 정치지형의 변화에도 유독 미국

(그리고 영국)만은 대중의 욕망을 철저하게 틀 지우는 양당제를 지켜내고 있다. 결국은 엄청난 탄압을 통해 국내 매개장치 자체를 양당제 형식 이외에는 소멸시켜온 것이다.

촘스키는 9.11사태와 관련하여 미국의 '테러와의 전쟁'을 비난해왔다. 9.11 이후의 외교정책이야말로 국제 테러리즘이라고 주장하면서, 특히 '테러와의 전쟁'을 수행하고 있는 미 정보 기관원들의 상당수가 1980년대 라틴아메리카와 중동 지역 좌파정권에 대한 테러 작전을 수행해온 사람들이라고 지적하였다.

우리는 흔히 미국의 일방주의와 국제적 테러를 강조하고 있다. 물론 이러한 국제적 테러는 국내 테러와 밀접하게 연동하면서 작동한다. 이렇게 테러를 통해 지배해 나가는 것이 '포괄하라, 구별하라, 관리하라'라는 제국적 명령체계의 작동을 최종적으로 담보하는 것이다. 그럼에도 불구하고 이러한 제국적 통제가 대중의 생성[23]과 탈주[24]를 막을 수는

---

23 생성(generation): 부패와 반대되는 말이다. 반복되는 것이 아니라 새로운 것을 만들어 내는 과정을 말한다.
24 탈주(flight): 들뢰즈와 가타리가 쓴 개념으로 탈근대 사회사상을 대변하는 이

없다. 이러한 위기 상황에서 나타나는 테러는 바로 제국의 포악함을 보여주는 것이기도 하지만 동시에 제국의 가장 약한 지점을, 균열 지점을 드러내는 것이기도 하다. 제국의 모든 곳에서 저항하고 제국의 작동방식과는 다른 것들을 만들어 나가는 대중의 움직임은 그러한 균열 지점들을 드러내며 동시에 테러라는 반응을 가져온다.

미국의 내부 테러는 제국 시대에 국제 테러에 앞서 진행되었다. 그러나 현재도 은밀한 형태로 테러는 계속되고 있다. 문제는 제국의 관리방식으로 테러에 의해 억눌린 대중의 역능이 막히지 않는다는 데 있다. 그런데 대중의 역능, 즉 구성능력을 구성권력으로 연결해 갈 수 있는 메커니즘이 결여되어 있기 때문에, LA봉기처럼 언제든지 기존 제도에 대한 파열 공격이 나타나게 되어 있다. 미국은 국내 테러를 통해서 매개적 도식들(예를 들어 노동조합이나 노동자)조차 존립할 수 없게 만들었다. 권력의 상향통로가 막힘으로

---

름처럼 되고 있다. 개인이나 집단이 새로운 것을 만들기 위해서 기존의 틀이나 장소에서 벗어나 다른 틀이나 장소를 찾아나서는 것을 말한다.

써 대중의 매개가 어려워진다. 국제 테러와 국내 테러를 통해 미국은 제국의 작동에서 매개들을 통해서가 아니라 직접적으로 지배하려고 한다. 제국폭력이 제국주의폭력보다 잔인해지는 이유이다. 이것은 동시에 대중의 직접적인 공격을 가져온다. 대중은 횡단적으로 연결된다. 어느 곳에서 솟아오를지 모르는 대중의 공격은 그물망처럼 엮인 (제국과의) 적대전선을 가시화시킬 것이다. 특히 대중이 생성을 가져올 때, 흑인운동에서처럼 대안적인 삶 형식들을 만들어낼 때, 제국은 그것을 포획하지 않으면 지배할 수 없다(위기에 빠진다). 자본이 노동의 움직임에 대처하여 스스로를 재구조화하듯이 대중이 제국의 관리방식 안에서 새로운 금을 긋고 다르게 움직이는 방식을 만들어낼 때, 제국의 위계제(지배)는 위기에 처한다.

테러를 통해 내재화된 모순들은 부패형태들(공동체와 연대에 대립하고 그것을 파괴하는 폭력, 착취, 언어적 소통감각의 도착, 생체정치 영역의 생산적 결절점들에 대한 공격)로 나타나고 이 부패들은 대중의 특이성을 파괴한다. 물론 색다른 준거기준에 따라서 새로운 차별(분화)과 위계제가 더욱 정교하게 작동한다. 대중은 특이성을 협동적인 창조성 속에서 생성으로 만들어가려고 나서게 된다. 그러므로 제국은 테러를 통해 내재화된 것들이 새롭게 생성되어 나가는 것을 막을 수 없다.

　제국 속 최강권력인 미국 안에서 미국 국민국가의 틀을 쓰고 제국적 지배를 행사하려는 집단들은 미국 대중과도 적대하게 된다. 또한 그러면서도 미국 대중의 역능을 포획하고 관리하는 한에서만 미국은 제국권력에서 최강의 위치를 차지할 수 있다. 이것을 달리 말한다면 미국대중의 역능을 포획하지 않고는 미국이 제국 속에서 최강의 자리를 차지할 수 없다는 것이다.

　하지만 미국 대중이 끊임없이 자신의 역능을 증식시켜온 과정, 무수한 인종이 섞여 살면서 잡종화를 향해 나가는 과정, 다양한 운동에서 색다른 실험들을 수행해온 과정 등은 수많은 이질적인 생성과정을 내부에 담고 있다. 백인 미국인에게는 허리를 굽히고 흑인 미국인을 비하하는 한국 대중에 비해서 여러 유색인을 접하면서 다양한 대면방식을 만들어온 아메리카인이 바로 미국 대중이다. 물론 미국 대중의 끊임없는 노력과 운동으로 미국의 다양한 제도가 발전하고 대중에게 봉사하는 효과를 지니는 것도 미국 대중의 배치에서 중요하다. 미국의 영향력은 미국권력의 제국 속에서의 무소불위의 힘에 의한 것만이 아니라, 오히려 세계의 모든 사람이 미국을 다녀와서 세계 시민이 되고 싶어 하는 욕망, 이러한 욕망을 불러일으키는 아메리카인(미국 대중)이 지닌 힘에 의한 것이다.

좀 더 구체적으로 보면, 정치군사적으로 미국은 여전히 첨단무기의 생산을 축으로 한 군산복합체를 핵심 산업으로 지닌 국가이다. 따라서 재래식 무기의 판매와 새로운 무기의 실험을 위한 끊임없는 전쟁놀이를 할 것이며 여기에 더욱더 다른 국민국가들을 동원해 나갈 것이다. 부시가 UN을 무시하고 전쟁을 일으켰지만 여러 나라를 끌어들이지 않을 수 없었던 것처럼 일단 냉전체제가 사라진 지금 지역 분쟁에 대한 개입과 최강권력인 미국의 적(악의 축)으로 규정된 국가나 지역에 대한 침략이 있을 것이다.

그런데 이런 군사정치적 측면은 여러 다른 측면과 연관되어 있다. 제국에서는 미국을 축으로 한 수직적 메커니즘이 설립되어 왔지만 그 과정이 절대적으로 안정화되지는 않았다. 이것은 중국과 미국 사이에 생긴 2000년 첩보비행기 사건의 위기에서 분명히 드러났다. 미국이 사과하는 것으로 종결되었기 때문에 중국이 이겼다고 할 수 있는데, 미국의 선택지는 전쟁일 수 없었다. 왜냐하면 중국인이 시장의 통합 메커니즘에서 배제될 수 없었기 때문이다. 미국은 이것을 인정하고 싶지 않았겠지만 실제로 협박은 더 이상 가능하지 않았다. 즉, 중국 엘리트들을 전 지구화 과정에, 세계적 통제 게임에 반드시 통합해야 할 필요가 있었던 것이다. 이처럼 제국은 경제적으로는 더욱더 통합된 세계자본주의[25]의 모습을 띨 것이며 어느 하나의 국민국가도 세계적인 구도 속에서의 연관을 무시하고는 그 어떤 정책을 펼칠 수 없을 것이다. 그것은 미국도 마찬가지다.

---

25 통합된 세계자본주의(Integrated World Capitalism): 가타리는 1970년대 중반 이후부터 이 개념으로 세계자본주의 현상을 묘사하였다. 전 지구가 자본주의와 사회주의로 나뉘어져 있지만 사회주의는 사실상 자본주의 체계 속에 편입되어 있으며, 분리되어서 움직이는 것이 아니라 통합되어 움직이고 있다는 것을 강조하였다. 국민국가가 단위가 되어 세계체계를 이룬다는 세계체계론에 반대하며, 다양한 하위분절이 있지만 유기적으로 연결되어 세계적 규모에서 통합된 자본주의를 이루고 있다고 생각하였다. 가타리의 이 개념에서 네그리와 하트가 제국이라는 개념의 상을 얻은 것으로 보인다.

문화적·이데올로기적인 측면에서 보면 오히려 미국의 영향력은 더욱더 제국적인 모습을 띠고 있다. 세계 시민이 미국식 생활양식을 흠모하여 미국에서 한번 살아보고 싶어 하고 자국 내에 살더라도 미국식 생활방식을 흉내 내고 싶어 하는 것은 전형적으로 드러나는 미국의 영향력이다. 미국의 침략 행위에는 미국식 생활방식(사고방식)을 받아들이라는 강요가 숨어 있다.

미국에서 자질이 조금 떨어지는 야구선수는 한국으로 오고 한국에서 아주 잘하는 선수는 미국으로 가서, 세계적 구도에서 능력에 따라서 잘 짜인 야구위계제가 확립된다. 인종과 출신지, 성격, 뭔가 특정한 차별 등은 이 야구위계제 앞에서 다 사라진다. 물론 이것은 잡종화의 측면도 지니지만 동시에 더욱 정교하고 옴짝달싹 못하는 최강위계제를 만들어낸다. 미국의 제국적 영향력은 이러한 방식으로 관철된다. 영화 문제만 보아도 스크린쿼터 반대 주장도 있었지만, 더욱 중요한 것은 한국영화 점유율이 높다는 것이 아니라 흥행하는 한국영화 대다수가 '할리우드식' 블록버스터 영화라는 것이다.

제국으로서 미국의 영향력은 제국주의시대보다 더욱더 분자적인 방식으로 관철된다. 미세한 방식으로 물감이 퍼져 나가듯 사람들을 무의식적으로 포획해 나가면서 특정한 방식으로 움직여가는 것처럼 이루어진다. 우리는 부시의 무식한 깡패 속성만을 부각시킬 것이 아니라 오바마 등장 이후에 바로 분자적 방식으로 제국에 포섭되어가는 이러한 측면에 주목해야 할 것이다

### (3) 대중운동과 미국의 위기

세계 시민, 세계 대중global multitude이 형성되어가는 이 시기에, 더욱이 점점 더 네트워크화되는 제국권력의 최강 자리에 있는 미국은 종종 대중의 적대자가 될 수는 있겠지만 하나의 국민국가로서 미국이 적대자가 될 수는 없다. 미국 안에서 제국적 지배세력과 대중의 대치가 어느 나라에서보다도 오히려 선명하기 때문이다.

그렇기 때문에 미국에 대한 공격은 미국 국민국가에 대한 공격으로 한정될 수 없다. 오히려 제국을 공격함으로써 제국 속에서 최강의 자리를 차지하고 있는 미국을 압박하

는 것이 필요하다. 그런 점에서 제국 시대의 대중운동은 미국을 적으로 삼아 공격하는 운동만이 아니라 미국이 주도하여 다른 나라들을 이끌고 매체를 통해 시뮬레이션게임을 하면서 전개해 나가는 구도 전체를 문제 삼아야 한다. 더욱이 제국시대의 사회운동은 바로 제국 속에서 대중의 역능을 활성화하는 방향으로 나아가야 할 것이다.

우리는 제국의 초코드화, 집중화 방식에 대항하는 대안세계화투쟁을 비롯하여 특이한(개인적 또는 집단적) 욕망[26]을 꽃피우게 하는 새로 나타나거나 이전부터 존재했던 모든 주변 집단, 소수자들, 자율운동의 증식, 그리고 국민국가라는 권력구성체를 전복시킬 새로운 형태의 사회 집단(예를 들어 사파티스타)의 출현을 목격할 수 있다.

---

26 욕망(desire): 들뢰즈와 가타리가 제기하는 욕망 개념은 신체적이고, 기계적이며, 분열적인 욕망이다. 욕망은 일차적으로 신체에 작용하여 물질적인 흐름과 절단을 생산함으로써 신체의 각 기관들을 작동시키는 힘이다. 이러한 신체는 흐름과 생산을 절단하고 접속과 채취를 행하는 수많은 욕망하는 기계들로 이루어져 있어서 기계적으로 작동한다. 욕망하는 기계는 특정한 모델에 따라 움직이는 것이 아니라 분열적인 과정을 따라 움직인다. 더욱이 들뢰즈와 가타리는 프로이트나 라캉이 말하는 결여로서의 욕망이 아니라 생산하는 욕망을 주장한다. 네그리와 하트는 이들의 욕망 개념을 차용해서 쓰고 있다.

최강권력인 미국에 맞서 싸우면서 미국을 닮아갈 것이 아니라 미국적 권력작용 방식과는 전혀 다른 기계들을 만들어 나감으로써 미국식 생활양식과는 색다른, 자율적인 삶을 만들어가야 한다. 이것이 제국 속의 미국적 지배장치가 잘 돌아가지 않도록 하는 실질적인 방식이 아닐까 생각된다. 이와 관련하여 제국시대의 대중운동은 바로 제국의 훈육화를 거부하는 대중의 자율성 확보과정이라고 볼 수 있겠다.

대중은 제국의 지배방식과는 다르게 자기구성을 해 나가야 한다. 대중은 다양한 운동을 통해서 제국 권력이 강요하는 삶과는 다른 삶의 방식들을 개척해 나가야 한다. 제국의 최강권력인 미국이 가장 무서워하는 것은 자신의 방식대로 움직이지 않는 대중이다. 대중이 다른 것을 만들어 가면 미국은 엄청난 폭력을 행사한다. 미국이 행사하는 폭력의 진정한 의미는 바로 여기에 있을 것이다. 세계적 대중운동만이 제국의 최강권력 미국을 위기에 몰아넣을 수 있다.

결과적으로 제국 권력에서 미국이 특권적인 지위를 지니는 이유는, 부분적으로는 미국의 역할(특히 그 군사적 역할)이

소련에 대항하는 투쟁에서의 중심적인 형상으로부터 새롭게 통합되는 세계 질서에서 중심적인 형상으로까지 지속되기 때문이다. 그러나 무엇보다도 미국 자신의 고유한 헌법이 지닌 제국적 경향을 강조하지 않을 수 없다.

## 6) 제국 주권

제국 세계로의 이행에서 변화한 것은 경계(국경)가 더 이상 존재하지 않고, 더 이상 외부가 없다는 것이다. 내부와 외부 사이의 구별은 점차 약화된다. 공적인 것과 사적인 것 사이의 구분이 모호해지고, 자유주의 정치의 장소를 제공하던 근대 사회의 공공 공간은 사라지는(사유화되는) 경향이 있다. 제국 사회에서 스펙터클[27]은 가상적 장소, 혹은 더욱 정확하게는 정치의 무-장소[28]이다. 스펙터클은 어떠한 내

---

27 스펙터클(spectacle): 기 드보르가 사용한 개념으로, 자본주의 사회가 다양한 요소로 복수적으로 이루어져 있는 것 같지만 사실은 어떤 그림틀 속에 짜여 있다는 것을 나타낸다.
28 무-장소(non-place): 고정된 장소가 없고 유동적이라는 의미에서 쓰는 말이다. 장소가 없다는 것이 아니라 특정한 곳에 고정되지 않고 분산되어 있다는 것을 강조하려는 것이다.

부도 외부와 구분할 수 없는 그런 식으로 통일되어 있으면 서 동시에 분산적이다. 군사적인 의미에서도 더 이상 외부 는 없다. 제국주의 전쟁, 제국주의 사이의 전쟁, 그리고 반 제국주의 전쟁의 역사는 끝났다. 이제는 제국 내부의 국부 적minor이고 내적인 갈등의 시대에 진입했다. 모든 제국 전 쟁은 시민전쟁(내전), 경찰 행동이다.

위계와 차별은 없어지는 것이 아니라 오히려 미분적 differential으로 강화된다. 제국적 인종주의는 인종들 간의 본 질적이고 생물학적인 차이에 집중했던 근대 인종주의 이 론과는 달리, 미분적 인종주의, 즉 인종 없는 인종주의 혹 은 생물학적 인종 개념에 의존하지 않는 인종주의이다. 제 국은 인종적 차이를 결코 본성의 차이가 아니라 항상 정도 의 차이로, 결코 필연적인 것이 아니라 항상 우연적인 것으 로 설정한다. 하지만 복종은 더욱 이동적이고 유연한 일상 적 체제 속에, 그럼에도 불구하고 안정적이고 잔인한 인종 적 위계를 창조하는 일상적 실행 체제 속에 규정된다. 제국 은 끊임없이 팽창하는 자신의 영역 안에서 차이의 놀이와 미시-갈등성의 관리에 의거한다.

제국으로의 이행에 따라 주체성 생산은 훈육사회에서와는 달리 어떤 특수한 장소에 제한되지 않는 경향이 있다. 또한 생산 장소의 불확정성은 생산된 주체성 형태의 비결정성(잡종성)을 가져온다.

이러한 제국에서 명령 장치는 관대하고 자유주의적인 얼굴을 가지고, 제국 영역 안에 수용된 차이들을 긍정한다. 대개 제국은 분할을 창조하는 것이 아니라 오히려 현존하는 혹은 잠재적인 차이를 인정하고, 그 차이를 찬양하며, 그 차이를 일반적인 명령 경제 안에서 관리한다. 그래서 제국의 세 가지 명령은 '포괄하라, 구별하라, 관리하라'이다.

이제 제국 주권은 하나의 중심적인 갈등을 둘러싸고 조직되지 않고 오히려 미시 갈등들의 유연한 네트워크를 통해 조직된다. 제국 사회의 모순은 파악하기 어렵고, 증식하며, 국지화할 수 없다. 즉, 모순은 도처에 있다. 권력의 장소도 도처에 있지만 또한 어디에도 없다. 이때 제국 주권을 규정하는 개념은 총체적 위기, 즉 부패일지도 모른다.

이상의 논의를 요약하여 근대 주권에서 제국 주권으로의 이행을 개념적으로 표시하면, '인민에서 대중으로, 변증법적 대립에서 잡종성의 관리로, 근대 주권의 장소에서 제국의 무–장소로, 위기에서 부패로'라고 할 수 있다. 이러한 변형과정 속에서 (노동)거부는 새로운 공동체를 만들고 새로운 생활양식들을 창조해 나가려 할 때 해방(자유화)[29]의 정치로 나아갈 수 있다

## 3. 생산의 이행

생산의 영역은 사회적 불평등이 분명히 드러난 곳이며, 더욱이 제국 권력에 대한 가장 효과적인 저항과 대안이 생겨나는 곳이다. 생산의 영역을 강조하는 것은 탈근대주의의 문화 편향에 대해 정정의 의미를 갖는다고 할 수 있겠다.

---

[29] 해방(emancipation)은 무엇으로부터 벗어난다는 의미의 소극적 해방을 의미한다. 자유화(liberation)는 새로운 것을 만들어 가거나 새로운 영역을 건설해간다는 적극적 의미의 해방을 의미한다. 해방의 정치를 말할 때는 후자를 의미한다.

## 1) 제국주의의 한계

제국주의에 관한 마르크스주의적 사유의 전통에서 중심적인 주장 가운데 하나는 자본주의와 팽창 사이에 내생적인 관계가 존재하며, 자본주의의 팽창은 필연적으로 제국주의라는 정치적 형태를 띤다는 것이다. 자본은 실현과정에서 유통 부문을 확장하려는 경향을 지니며 비자본주의적 환경인 외부를 필요로 한다. 자본은 실현의 욕구를 채우고 새로운 시장을 찾기 위해서뿐만 아니라 축적 주기, 즉 자본화[30] 과정에서 다음 순간에 필요한 것들을 충족시키기 위하여 팽창한다.

이 과정에서 자본주의는 비자본주의 환경을 점진적으로 포섭하고 주민을 프롤레타리아트화하여 본원적 축적과정을 지속적으로 전개함으로써 비자본주의적 환경 자체를 자본화한다. 즉, 외부를 내면화한다. 이것은 자본주의와 제국주의 간의 불가피한 관계를 보여주는 것이며, 반제 투쟁은

---

30 자본화(capitalization): 자본의 축적 과정. 자본이 비자본주의적 부문을 자본주의적 관계에 끌어들이면서 동시에 잉여 가치를 생산하여 확대 재생산해 나가는 과정을 말한다.

반자본 투쟁이 된다. 자본은 또한 이윤율의 균등화와 포섭을 통해서 독점체들이 지배하는 자본주의적인 세계 시장으로 향해 나아가는 경향을 지닌다.

그러나 제국주의적 과정이 가져온 경계선들은 자본주의 발전을 가로막고 제국주의 세계 시장의 완전한 실현을 가로막는다. 자본은 결국 제국주의를 극복해야 하고 내부와 외부 사이의 장애물들을 파괴해야 한다. 이제 자본주의적 조절은 국민국가의 조절에서 전 지구적 시장의 정치적 조절로 나아가게 되며 이것은 제국주의에서 제국으로의 이행의 주요 특징이다.

## 2) 훈육 통치

점차 전 지구적인 훈육국가가 등장하여 주민들의 생활주기를 더욱 광범위하고 깊게 포괄해 나가고 주민들의 생산 및 재생산을 자신의 교섭 틀 안에 끌어들인다.

지배 자본주의 나라들의 제국주의 정치는 새로운 전 지구적 무대에서 탈식민화, 탈중심화, 그리고 훈육적인 생산 및 지배 형태의 전 지구적 확산을 둘러싸고 조직되었다. 탈식민화 과정의 완성은 지배 관계의 새로운 세계적 서열화가 마무리된다는 것을 표시했다. 미국이 확고하게 열쇠를 쥔 상태에서, 군사적 중장비를 통해서 권력을 휘두르던 국면에서 달러를 통해서 권력을 휘두르는 국면으로 넘어갔다. 탈중심화는 생산의 장소 및 흐름을 분산하는 과정으로 나타났다. 점차 초국적 기업들이 전 지구를 횡단하여 자신들의 활동을 확실하게 정립하기 시작하였고, 식민지에서 벗어난 나라들과 종속국들에서 경제적·정치적 변형의 근본 동력이 되었다. 그리고 생산적 흐름의 분산을 통해 새로운 지역 경제와 새로운 전 지구적 노동 분업이 결정되기 시작했다. 훈육과 지배 양식의 확산은 포드주의 임금체제, 테일러주의적 노동조직 방식, 근대적이고 온정주의적이고 보호적인 복지국가 모델에 따라 이루어졌다. 그러나 복지국가에 대한 약속은 근대화를 달성하기 위한 충분한 동의를 얻어내는 미끼로 작용하였고, 그 효과는 바로 사회적 생산 및 재생산을 관통하는 훈육 체제의 확산이었다.

그러나 근대화와 발전이라는 미명 아래 식민지 이후의 제3세계가 거대하게 변형되었다. 특히 대중의 혁명적인 해방과정은 근대화라는 이데올로기를 넘어서 엄청나게 새로운 주체성 생산을 드러냈다. 세계 시장의 통일 경향으로부터도 몇 가지 중요한 효과들이 나타났다. 노동 및 사회를 조직하는 훈육 모델이 지배 지역으로부터 바깥으로 광범위하게 확산됨으로써, 나머지 세계의 수많은 주민이 임금체계에 들어갔다. 새로운 훈육 체제는 훈육 체제로부터 탈출하고자 하는 욕망을 만들어내고 자유롭고 싶어 하는 훈육되지 않은 다수의 노동자를 경향적으로 만들어낸다. 더불어 대부분의 전 지구적 프롤레타리아트의 이동성이 증가하였다. 이러한 주체성의 움직임을 기존의 훈육 조건 속에서는 더 이상 통제할 수 없게 되면서 새로운 통제 형태가 제시되어야 했다.

### 3) 저항, 위기, 변혁

지배적인 자본주의 국가들에서 노동자의 공격은 일차적으로 훈육적인 자본주의 노동 체제에 대항하는 것으로 나타났다. 첫 번째로, 이 공격은 일반적인 노동 거부로 그리고 구체적으로 말하면 공장 노동 거부로 표현되었다. 두 번째로, 노동자의 공격은 자본주의적인 노동 시장 분할을 전복하는 데 일조했다. 사회 집단들의 분리, 노동 시장의 유동성, 그리고 노동 시장의 위계들을 위협하면서, 보장된 사회적 임금[31]과 높은 수준의 복지에 대한 전반적인 요구를 제기하였다. 세 번째로, 노동자의 공격은 자본주의 명령(지배)에 직접 대항하여 전개되었다. 또한 종속국가들에서의 농민과 프롤레타리아트의 투쟁은 지역 정치 체제와 국제 정치 체제에 개혁을 강요하였고, 특히 위기를 본국 영역에서 종속 영토들로 옮기는 구제국주의적 전략의 가능성을 제거했다. 제국에 들어서서 이러한 다양한 투쟁은 하나의 공동의 적, 즉 국제적인 훈육 질서에 대항하여 결집하였다.

대중의 저항에 의해 야기된 위기에 대해 자본은 억압 전

---

31 사회적 임금(social wage): 정치적 임금이라고도 한다. 자본은 자본가에게 직접 고용된 노동자에게만 가족 임금을 지불하려고 한다. 이에 대해 네그리는 노동자는 공장 안에서 자본에게 잉여 가치를 생산해 줄 뿐만 아니라 공장 밖에서, 즉 사회에서 다양한 생산에 종사하고 있다고 한다. 계급적으로는 산업 노동자들을 넘어서 다양한 노동층을 포괄하는 프롤레타리아트의 재생산 요구를 사회적 임금이라고 개념화하여 자본에게 강요하였다.

략과 프롤레타리아트의 계급 구성을 변형하는 두 가지 방법을 택하였다. 자본의 억압 전략은 사회적 과정을 완전히 역전시키고, 노동 시장을 분리하고 해체시키며, 전체 생산 주기에 대한 통제를 재정립하는 것을 목표로 했다. 자본은 보장된 노동자와 비보장된 주민층 사이의 분리를 재강화하였다. 각 국가 내부에서 그리고 국제적으로 사회적 이동성과 유동성을 통제함으로써 위계적 부서화 체계를 재구축하였다. 이러한 시도에서 휘두르는 중심 무기는 생산의 자동화와 컴퓨터화를 포함한 기술의 억압적인 사용이었다.

억압 전략에 이어 자본은 바로 프롤레타리아트의 계급 구성을 변화시키려는, 그렇게 함으로써 새로운 노동 실행들을 통합하고 지배하며 그로부터 이익을 취하였다. 프롤레타리아트는 스스로의 적대감과 자율성 속에서 실제로 자본이 미래에 어쩔 수 없이 채택해야만 할 사회적이고 생산적인 혁신 형태들을 발명한다. 자본은 이를 포획하려고 한다.

다시 말해서 자본은 프롤레타리아트 주체성의 새로운 생산에 직면하고 대응해야만 했다. 결국 주체성의 새로운 생산은 비물질 노동[32]의 전개 속에서 표현되는 생태적 투쟁, 즉 훈육 체제에 대한 거부와 새로운 생산성 형태의 실험으로 나타나는 생활양식에 대한 투쟁에 도달했다.

## 4) 생산의 정보화

세계 시장의 경향적 실현은, 오늘날 한 나라 혹은 한 지역이 과거의 조건들을 재창조하고 한때 지배적인 자본주의 국가들이 발전했던 것처럼 발전하기 위해서 자신을 전 지구적 권력 네트워크에서 고립시키거나 분리시킬 수 있다는 모든 통념을 파괴한다. 지배적인 국가들조차도 이제는 전 지구적 체계에 의존하고 있으며, 세계 시장의 상호 작용은 모든 경계를 전반적으로 해체해 왔다. 점점 더 모든 고립이나 분리의 시도(쿠바, 북한, 아프리카의 일부 나라들)는 단지 전

---

32 비물질 노동(immaterial labour): 육체 노동과 대비시켜 이해했던 정신 노동 혹은 지식 노동 개념을 넘어서려는 의도에서 네그리가 사용하는 개념이다. 노동 가치는 점점 더 노동의 연계망이 만들어 내는 공동 생산에 의해서 그리고 지성의 잉여 생산과 과학적 지식 등에 의해서 이루어진다는 점을 강조하면서, 노동의 특질이 점차 비물질적인 성격을 띠어 간다고 강조한다. 자동화와 컴퓨터화에 따라 정보화가 이루어지면서 서비스 노동의 증가, 정서적 노동의 증가 등으로 변화된 노동의 특질을 지칭하기 위한 사용한 개념이다.

지구적 체계에 의한 더욱 잔인한 종류의 지배, 즉 무력함과 빈곤으로 돌아가는 것을 의미할 뿐이다.

생산 부문의 변화로서는 산업(공업)의 지배에서 서비스와 정보의 지배로의 이행을 지적할 수 있으며, 이것을 경제적 탈근대화, 즉 정보화라고 부를 수 있다. 서비스업이 건강 보호, 교육, 그리고 금융에서부터 운송, 오락(연예), 그리고 광고에 이르기까지 광범위한 활동을 포함하게 되고, 산업 생산도 정보의 요소들을 흡수해 감에 따라, 생산에서 지식, 정보, 정서, 그리고 소통이 중심 역할을 하게 된다. 모든 생산은 서비스 생산을 향하고, 정보화되는 경향이 있다. 그리고 생산 흐름들과 네트워크들의 중요성이 증가하는 방향으로 나아간다. 또한 그러한 경향은 세계의 종속국가들과 지역들에게도 이러한 정보화 방향에서 하위 파트너로 합류하도록 강요한다.

기술적 측면에서 이러한 변화를 가속화하는 것은 산업에서의 자동화, 컴퓨터 사용의 증가이다. 오늘날 우리는 점점 더 컴퓨터처럼 생각하고 있고, 소통 기술들과 그것들의 상호 작용 모델은 더욱더 노동 활동의 중심이 되고 있다. 이러한 탈근대화, 즉 정보화는 인간되기의 새로운 양식을 나타낸다. 사람들은 산업 기계의 전통적인 기법을 정보 및 소통 기술의 인공두뇌적 지성cybernetic intelligence으로 실질적으로 대체해야 한다.

생산의 정보화는 주체의 측면에서는 비물질 노동의 확산으로 볼 수 있다. 비물질 노동의 첫 번째 형태는 정보화되어 온 그리고 생산 과정 자체를 변형시키는 방식으로 소통 기술들을 통합해온 산업 생산 속에 포함되어 있다. 제조업은 하나의 서비스로 간주되고, 내구재를 생산하는 물질 노동은 비물질 노동과 혼합되고 비물질 노동을 향한다. 두 번째 형태는 분석적이고 상징적인 일들을 하는 노동인데, 한편으로는 창조적이고 지성적인 처리와 다른 한편으로는 일상적인 따분한 일(예를 들어 타자 치기)로 나누어진다. 세 번째 형태는 정서의 생산과 처리를 포함하고 (가상적인 혹은 현실적인) 인간적 접촉, 즉 신체적인 양식의 노동(보호와 상담 등의 정서적 노동)을 요구한다. 이런 비물질 노동의 각 형태 속에는 협동[33]이 노동 자체 속에 완전히 내재해 있다. 따라서 비물질 노동의 협동적 측면은 외부로부터 부과되거나 조직되지 않는다.

　정보 경제로의 이행에서, 일관 작업은 생산 조직화 모델로서의 네트워크로 대체됐고, 이 네트워크는 각각의 생산 부지 안에서 그리고 생산 부지들 사이에서 협동과 소통 형태들을 변형시켜 왔다. 생산은 이제 수평적인 네트워크 기업들로 조직되는 경향이 있다. 그런데 생산의 탈영토화[34]와 자본의 이동성 증가를 향한 경향은 노동의 협상 지위를 약

---

33 협동(cooperation): 흔히 협업이라고도 한다. 마르크스는 『자본론』에서 단순 협업에서 공장제 수공업으로, 그리고 기계제로의 변화 과정으로라는 협업의 발전을 주목한다. 네그리는 협동 개념을 노동력의 결집 방식을 나타내는 것으로 사용하며, 노동 협동(labouring cooperation)이라는 말도 사용한다. 특히 이것은 노동력이 지닌 노동 조직화의 능력을 지칭하기 위해서 사용하고 있다. 더 나아가 사회적 네트워크 속에서 노동이 이루어지면서 노동의 능력은 사회적 협동(social cooperation)을 통해서 드러난다고 주장한다.

34 영토성(territoriality): 원래 동물행동학에서 나오는 텃세라고 번역되는 개념이다. 가령 호랑이나 늑대·종달새 등은 분비물이나 다른 사물·소리 등으로 자신의 영토를 만든다(영토화, territorialisation). 들뢰즈와 가타리는 이 개념을 변형시켜 다른 개념을 만들어 낸다. 가령 '탈영토화(deterritorialisation)'는 기왕의 어떤 영토(territory)를 떠나는 것이다. 이를 다른 것의 영토로 만들거나, 다른 곳에서 자신의 영토를 만드는 경우 '재영토화(reterritorialisation)'라고 한다. 그리고 이 개념을 다른 영역으로, 배치가 만들어지고 작동하는 모든 영역으로 확장해서 사용한다. 특히 자본주의는 다양한 흐름을, 그 흐름 자체의 방향에 따라 움직이도록 열어주면서도('탈영토화') 이윤획득 메커니즘이라는 틀에 다시 포괄해 나가는 방향으로 움직인다('재영토화')고 한다.

화시켰다. 확실한 안정성과 계약의 힘을 누려 왔던 전체 노동 인구는 점점 더 불확실한 고용 상황에 처하게 되었다. 이렇게 되면, 네트워크 생산은 자유 계약 노동, 가정 노동, 파트타임 노동, 그리고 삯일과 같은 다양하고 낡은 비보장 노동 형태들을 받아들일 수 있다.

다른 한편으로 경제의 정보화를 특징짓는 생산 과정과 부지의 탈중심화와 전 지구적 분산은 반대로 생산 통제의 집중화를 촉진하였다. 몇몇 핵심 도시가 금융 서비스, 무역과 관련하여 전 지구적 생산 네트워크를 경영하고 지배하는 통제도시(세계도시)로 떠오른다.

이제 소통 네트워크의 구조와 관리가 초국적 기업들에게는 가장 적극적인 합병과 경쟁의 지형이 된다. 새로운 정보 인프라가 새로운 생산 과정에 완전히 내재적이게 된다. 전 지구적 정보 인프라는 리좀[35]적이며 완전히 수평적이고 탈

---

35 리좀(rhizome)은 '근경(根莖)', 뿌리줄기 등으로 번역되는데, 줄기가 마치 뿌리처럼 땅속으로 파고들어 난맥(亂脈)을 이룬 것으로, 뿌리와 줄기의 구별이 사실상 모호해진 상태를 의미한다. 들뢰즈와 가타리는 수목(arbre)형(arborescence)과 대비시켜 리좀 개념을 제기한다. 수목이 계통화하고 위계화하는 방식임에 비하여, 리좀을 제기하는 것은 욕망의 흐름이 지닌 통일되거나

영토화된 민주주의적 메커니즘과 방송국들에 특징적인 소수 독점적 메커니즘 양자의 결합체로서 특징지을 수 있다. 이러한 전 지구적인 정보 인프라를 사유화하는 자본주의 권력의 작동(소수 독점적인 모델)에 저항하여 공통적인 것[36](민주주의적인, 즉 리좀적인 모델)을 만들어 나가야 할 것이다.

이제 생산한다는 것은 점점 더 협동과 소통적 공통성을 구성하는 것을 의미한다. 상품을 사용하고 상품의 점유에서 유래하는 모든 부를 처분할 수 있는 배타적 권리로 이해되는 사적 소유 개념 자체는 이 새로운 상황에서 점점 더 무의미해진다. 이러한 틀에서 배타적으로 소유하고 사용할 수 있는 상품은 더욱 적어진다. 즉, 공동체가 바로 생산하는 것이며, 생산하는 동안 그 공동체는 재생산되고 재규정된다. 그러므로 고전적이고 근대적인 사적 소유 개념의 근거는 탈근대적 생산 양식 속에서 어느 정도 해체된다.

---

위계화되지 않은 복수성과 이질 발생, 그리고 새로운 접속과 창조의 무한한 가능성을 보여주려고 한다.

36 공통적인 것(the common): 네그리가 스피노자에게서 도출한 개념으로, 특이한 개별자들 간에 차이들을 무화시키지 않고 오히려 소통할 수 있는 통로를 넓혀감으로써 지니게 되는 것을 말한다.

## 5) 혼합된 구성

생산 패러다임의 네트워크 모델로의 전환은 초국적 기업의 권력을 증대시켜 왔다. 이제 정치적 매개 메커니즘은 갈등의 매개 및 계급 갈등의 화해라는 전통적인 정치적 범주를 통해서라기보다 오히려 관료적 매개와 경영 사회학이라는 범주를 통해 실제로 기능한다.

주권 권력의 측면에서 단일 정부의 통일성은 해체되어 일련의 기구들(전통적인 기구들과 더불어 은행, 국제적 계획 기관들 등)에게 맡겨져 왔으며, 여기서 기구들은 모두 점차적으로 정당성을 권력의 초국적 수준에서 찾는다. 이처럼 거인들(초국적 기업과 전 지구적 생산 및 유통 네트워크)이 지배하게 되고 국민국가의 일국적인 헌법체계는 약화되면서, 새로운 전 지구적 구성의 피라미드가 나타난다.

물론 제국 속에서 국민국가의 경계가 허물어지는 경향을 보이지만 국민국가는 가시적으로는 상존하고 있다. 특히 국민국가는 자본에게는 촉진경계의 역할을 하지만 노동에게는 훈육장치로서 작동하고 있다. 이미 초국적 자본을 비롯한 제국의 자본들에게 국민국가는 크게 방해가 되지 않는다. 북한이나 이란, 쿠바 정도가 자립성을 기반으로 생존해 나가면서 제국의 틀에서 벗어나려고 하지만 벗어날 수 없는 상황인 것이다.

그러나 국민국가들은 세계체계론에서 말하는 것처럼 세계를 구성하는 단위들로서 자립하면서 전체 단위를 구성하기보다는 전 지구적 구성의 피라미드 속에서 일정한 위계들에 편입되어 있으며 제국적 작동 속에 휩싸여 있다. 세계는 통합된 세계자본주의의 모습 속에서 점차 국민국가의 작동방식과는 전혀 다른 작동방식에 근거해서 움직여 나가게 된다.

그러면 제국, 즉 전 지구적 권력의 모습을 먼저 살펴보자.

새로운 전 지구적 권력은 무질서하고 심지어 혼란스럽기까지 한 일련의 통제 조직과 대의제 조직으로 나타난다. 전 지구적 구성 요소들은 광범위한 기구들(국민국가, 국민국가의 단체들, 그리고 모든 종류의 국제 조직들)에 분포되어 있다. 전 지구적 권력의 모습을 그 권력의 다양한 기구와 조직 속에서 분석해 보면, 각각 몇 가지 내부 수준을 지닌, 점점 더 넓어지는 세 층으로 이루어진 피라미드 구조로 파악할 수 있다.

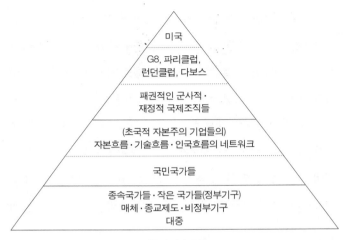

**제국권력의 구성**

피라미드의 좁은 정점에는 하나의 최강 권력이, 즉 전 지구적인 무력 사용에 대한 헤게모니를 쥐고 있는 미국이 있다. 이것은 혼자 행동할 수 있지만 UN의 보호막 아래에서 다른 나라들과 협력하는 것을 더 좋아하는 최강 권력이다 (이라크 전쟁에서는 독자적으로 행동하여 제국주의라는 이름을 지속시켰다). 이러한 유일한 지위는 냉전의 종식과 더불어 확정적으로 설정되었고 걸프전에서 처음으로 입증되었다. 여전히 이 첫 번째 층 안에서 피라미드가 약간 넓어지면, 두 번째 수준으로 주요한 전 지구적 통화수단을 통제하며 따라서 국제 거래를 조절할 수 있는 능력을 가진 일단의 국민국가들이 있다. 이러한 국민국가들은 일련의 조직체들 —G8, 파리와 런던 클럽, 다보스Davos 등— 로 묶인다. 이 층의 세 번째 수준에서는 군사적·재정적 수준에서 헤게모니를 발휘하는 다소 동일한 능력을 지니고 있는 이질적인 단체들이 전 지구적 수준에서 문화 권력과 생체정치 권력을 전개한다.

명령이 세계를 가로질러 폭넓게 배분되는 두 번째 층은 주로 초국적 자본주의 기업들이 세계 시장을 통해 확장해 온 네트워크들 —자본 흐름의 네트워크, 기술 흐름의 네트워크, 인구 흐름의 네트워크 등— 로 이루어져 있다. 시장을 형성하고 공급하는 이러한 생산적인 조직들은 전 지구적 권력의 첫 번째 층을 구성하는 중심 권력의 우산(보호막)과 보증 아래 횡적으로 확장된다. 이 층 속에는 종종 초국적 기업들의 힘에 종속되어 있는 수준에서, 국지적이고 영토화된 조직들로 이루어진 주권을 가진 국민국가들이 있다. 이러한 국민국가는 전 지구적 권력으로부터 부의 흐름을 포획하고 다시 전 지구적 권력에 분배하며, 여전히 가능한 한 많은 주민(국민)을 훈육시킨다.

피라미드의 맨 밑에 있는 가장 넓은 층은 전 지구적 권력의 배치에서 인민의 이해를 대표하는 집단들로 이루어진다. 많은 경우에 국민국가들이 전 지구적 권력 구조에서 인민의 대의제가 지닌 기능을 수행하고, 인민people을 대표하며, 대중multitude을 대표될 수 있는 인민으로 변형시킨다. 특히 종속적이거나 작은 국가들의 집합체가 이러한 역할을 한다. 예를 들면 UN총회에서 수적으로는 다수자이지만 권력의 측면에서는 소수자인 종속적인 국민국가 집합체들은 최소한 주요 열강들에 대한 상징적 제한과 정당화로서 기능한다. 이러한 의미에서 UN총회 회의장에서 그리고 다른 전 지구적 포럼들에서 전 세계가 대표되는 것으로 인식된다.

하지만 국민국가가 새로운 전 지구적 배치에서 인민을 구성하고 대표하는 유일한 조직은 분명 아니다. 전 지구적 인민은 정부 기구들에 의해서가 아니라 최소한 국민국가와 자본으로부터 비교적 독립적인 다양한 조직에 의해 더욱 분명하고 직접적으로 대표된다. 이러한 조직들은 종종 전 지구적 시민 사회의 구조들처럼 기능하는 것으로 대중의 욕구와 욕망을 전 지구적 권력 구조들의 기능 작용 안에서 대표될 수 있는 형식들로 바꾸어간다. 그러한 조직들로서는 매체와 종교 제도와 같은 시민 사회의 전통적인 구성 요소들이 있으며, 최근 들어 가장 새롭고 아마도 가장 중요한 세력으로 비정부 기구NGO가 있다. 더욱이 일부 NGO는 전 지구적이며 보편적인 인간 이해를 직접적으로 대표하려고 한다. 인권조직들, 평화집단들, 의료 및 기아 구제 기구들은 고문, 기아, 대학살, 감금, 정치적 암살에 반대하여 인간의 삶을 지킨다. 이러한 NGO들의 활동은 생체권력의 영토 위에서, 삶 자체의 요구들에 대처하면서 '정치를 넘어서' 사실은 제국의 작용과 일치한다.

물론 제국 구성의 피라미드의 맨 밑, 가장 넓은 층을 이루고 있는 것은 대중이다. 대표화되지 않는 다양한 층과 세력들로 이루어진 대중은 제국을 떠받치고 있는 토대이다. (대중에 대해서는 2부에서 다룬다.)

물론 이 피라미드 구조는 경직된 경계를 지닌 불변적 구조가 아니다. 이 구조는 별개의 기능(군주제, 귀족제, 민주제)들의 유기적 상호작용의 혼합적인 성격에서 기능들 자체의 잡종화로 향하는 경향이 있다. 보편적인 네트워크 속에서 잡종적인 주체들이 형성되며, 제국은 이들을 통제하는 데 집중한다. 제국은 근대적이고 자유주의적인 혼합된 구성(입헌) 모델에서 잡종적 구성 모델로 넘어간다. 잡종적 구성의 다양한 기능과 기구를 결합하는 접착제는 공적 담론과 여론을 생산하고 조절하는, 통합되고 동시에 확산되어 있는 이미지 및 관념 장치인 스펙터클이다. 매체조작을 통한 제국의 스펙터클은 공포의 소통을 통해 통제 메커니즘으로 작동한다. 물론 이러한 스펙터클에 대항하여 주체들의 새롭고 더욱 강력한 투쟁 장소들과 투쟁 형태들이 나타난다.

## 6) 전 지구적 통제 사회의 관리

이제 제국 주권은 초월성에 근거한 근대 주권과는 달리, 지배관계의 연계와 네트워크를 통해 내재성의 구도 위에서 작동한다. 시민 사회라고 이해되는 것과 대부분 동일하거나 밀접하게 관련되어 있는 훈육 사회를 구성하는 사회 제도들(학교, 가정, 병원, 공장)은 어느 곳에서나 위기에 처해 있다. 이러한 제도들의 벽이 붕괴됨에 따라, 이전에 그것들의 제한된 공간 안에서 작동했던 주체화의 논리는 이제 사회적 장으로 퍼지고, 사회적 장을 가로질러 일반화된다. 제도들의 붕괴, 시민 사회의 소멸,[37] 훈육 사회의 쇠퇴는 모두 근대 사회적 공간의 굴곡진 곳을 매끄럽게 하는 것을 포함한다. 여기에서 통제 사회의 네트워크들이 생겨난다.

훈육의 내재적인 실행 ─즉, 주체들의 자기 훈육화, 주체성들 자체 안에서 훈육 논리의 끊임없는 속삭임─ 은 통제 사회에서 훨씬 더 일반적으로 확장된다. 그리고 통제 사회에서 주체성의 내재적 생산은 공리계[38]적인 자본의 논리와

---

37 시민사회(civil society): 시민사회는 자본과 주권 사이의 매개 지점으로 복무하였다. 그러나 이제 시민사회를 구성하는 구조들과 제도들은 점차 사라지고 있다. 이러한 소멸을 자본주의국가와 노동자 사이의 변증법의 쇠퇴라는 측면에서, 즉 노동조합들의 유효성과 역할의 쇠퇴, 노동자의 단체협상의 쇠퇴, 헌법에서의 노동자의 대표성의 쇠퇴에서 분명히 파악할 수 있다. 다시 말해 시민사회의 각종 구조와 제도가 시민을 대변하기보다는 시민을 주권권력에 연결시키는 방향으로 나아간다.

38 공리계(axiomatic): 공리는 수학이나 논리학에서 증명 없이 자명한 진리로 인

일치해 나간다. 훈육 사회에서 각 개인은 다수의 정체성을 가지고 있었지만, 어느 정도까지 서로 다른 정체성은 생활의 서로 다른 장소들과 서로 다른 시간들에 의해 규정되었다. 통제 사회에서는, 정확히 이러한 장소들, 이러한 적용 가능한 개별 장소들은 자신들의 규정과 경계 설정을 상실하는 경향이 있다. 통제 사회에서 생산된 잡종적 주체성은 제도 바깥에 있지만 제도들의 훈육 논리에 훨씬 더 강하게 지배당한다.

시민 사회의 소멸과 국가 경계의 쇠퇴 속에서 사회적 공간이 전반적으로 균등화되고 매끄럽게 되는 반면, 사회적 불평등과 분할은 여러 측면에서 형태를 달리하면서 더욱 심해진다. 제국은 극도로 불평등한 주민들이 아주 밀접하게 접근해 있는 것으로 특징지어진다. 이렇게 근접해 있다는 것은 영구적인 사회적 위험 상황을 만들어 내며, 분리를 유지하고 사회적 공간의 새로운 관리를 보장하기 위하여

---

정되며, 다른 명제를 증명하는 데 전제가 되는 원리를 말한다. 들뢰즈와 가타리는 지배권력이나 자본이 자명한 듯 사용하는 관계틀 및 그 관념을 공리계라고 한다.

통제 사회의 강력한 장치들을 필요로 한다. 그리하여 개방적이고 상호작용하는 공공공간이 점차 쇠퇴해가고 부자와 가난한 자의 분리를 유지하기 위한 정교한 조치들이 만들어진다(예를 들어 외부인의 접근을 막고 내부인의 활동을 자유롭게 하는 도시건축).

이와 관련하여 제국의 노동 정치는 우선 노동의 가격을 낮추려고 하며 '모든' 사람에게 일하도록 강요한다. 전체적으로 보면 노동은 많아지고 임금은 적어진다. 새로운 생산성 규범들은 노동자들을 분화시키고 분할한다. 화폐 정책은 노동 정책이 명령한 분할을 강화한다. 나아가 폭력, 빈곤, 그리고 실업에 대한 공포는 결국 이러한 새로운 분할을 만들어내고 유지하는 일차적이고 직접적인 힘이 된다.

이러한 상황에서 제국의 행정은 분산시키고 분화시키는 메커니즘으로서 행동하며, 자기 조절을 통해 그리고 제국의 내부 경찰력을 통해 갈등을 조절하고 폭력을 실행함으로써 지배한다. 근대적 국민 주권 체제들에서는 행정이 갈등을 선형적으로 통합하는 방향으로 그리고 갈등을 억압할 수 있는 일관된 장치를 향해 작용한 반면, 제국에서는 행정이 불규칙하고 무정형적fractal이게 되고 차이들을 통제함으로써 갈등을 통합하려고 한다.

그래서 행정 문제는 통일성의 문제가 아니라 도구적인 다기능성의 문제가 된다. 근본적인 것은 특별한 목적을 위한 행위들이 지닌 특이성과 적합성이다. 행정 행위는 점점 더 자기중심적으로 되고, 따라서 자신이 해결할 수 있는 특정한 문제에만 기능을 하게 된다. 이처럼 제국의 행정이 지니는 통합적인 기반과 지배적인 가치는 국지적 효율성에 있게 된다. 그러나 국지적 효율성 속에서 작용하는 행정은 체제의 최후 위협에 대하여 체제를 지킬 수 없으며 갈등의 조절과 폭력실행에의 의존이라는 제국의 명령(지배)에 의지하게 된다.

근대 체제는 행정과 명령을 구별할 수 없게 만들 정도로 행정을 명령과 더욱더 일치시키는 경향이 있었던 반면에, 제국적 명령(지배)은 훈육 양태들을 통해서가 아니라 오히려 생체정치적 통제의 양태들을 통해서 실행된다.

제국적 통제는 세 가지 전 지구적이고 절대적인 수단, 즉 폭탄(군주권력), 화폐(귀족권력), 그리고 에테르(민주권력)를 통해서 작동한다. 절대적인 폭력의 작동인 수소폭탄(핵) 같은 무기가 지닌 최고의 위협은 모든 전쟁을 제한된 갈등, 내전, 추한 전쟁 등으로 축소하였다. 나아가 모든 전쟁을 행정력과 경찰력이 독점하는 영역으로 만들었다. 화폐는 국내 시장의 화폐적 파괴, 일국적 또는 지역적 화폐 조절 체제의 해체, 그리고 국내 시장들의 금융 권력의 욕구에의 종속을 통해 세계 시장을 구축해 내는 전 지구적인 절대적 통제수단이다. 그렇지만 에테르(소통의 관리, 교육 체계의 구조화, 그리고 문화의 조절)가 제국 통제의 최종적인 근본적 매개체로서 최고 대권으로 나타난다.

요약하자면, 제국 권력의 효율성은 폭탄에 의한 파괴에, 화폐에 의한 판결에, 소통에 의한 공포에 기반을 두고 있다. 이 경우들 각각에서 이런 메커니즘들의 통제력을 미국이 장악하고 있는 것처럼 보일지도 모른다. 아마도 무력의 독점과 화폐 조절은 부분적으로 영토적으로 한정되어 있다고 할 수 있을지도 모르지만, 소통은 그럴 수 없다. 소통은 생산관계를 정립하고 자본주의발전을 이끌고 생산력을 변형하는 중심이 되어 왔다. 이런 힘은 극도로 개방적인 상황을 낳는다.

이러한 제국 지배에 대항하기 위해서는, 거대한 정부, 거대한 기업, 거대한 노동에 집착할 것이 아니라, 생산적 협동의 네트워크 속에서 대중의 자율적 자치를 구성해 나가야 할 것이다.


## 4. 제국의 쇠퇴와 몰락

### 1) 제국 안에서의 대안들

제국의 구성과 제국의 전 지구적 네트워크는 근대적인 권력 기계들에 대항하는 다양한 투쟁에 대한 그리고 특정하게는 대중의 해방 욕망에 의해 추동된 계급투쟁에 대한 하나의 반응이라고 할 수 있다. 즉, 대중이 제국을 낳았다고 할 수 있다.

1960년대 이후 비판적 사유의 많은 부분이 사회적 주체들이나 국민, 지역 집단들의 정체성에 기반한 저항의 장소들을 재조성해 왔고 종종 정치적 분석을 투쟁의 국지화에 근거해 왔다. 특히 전 지구화에 대한 저항과 국지성의 방어

(지방화)라는 좌파의 전략은, 많은 경우에 국지적 정체성으로 나타나는 것이 자율적이거나 자기 결정적이지 않고 실제로는 자본주의적 제국 기계의 발전에 연료를 공급하고 그 발전을 지지하기 때문에 해롭기도 하다. 또한 그간 항상 제기되어 왔던 국제주의는 국민국가를 파괴하고 새로운 전 지구적 공동체를 건설하기 위한 기획이었다. 그 결과 제국이 형성된 것이기도 하다. 그러나 오늘날 프롤레타리아 국제주의 시대는 끝났다. 투쟁들이 하나의 사슬의 고리들처럼 서로 관련된다고 생각하기보다는, 각자의 맥락에서 적합한 숙주를 찾을 수 있도록 자신의 형태를 조율하는 바이러스처럼 소통한다고 생각하는 것이 더 좋을 것이다.

그리고 이러한 전 지구화를 앞서 미리 보여주는 투쟁들은 산노동[39]의 힘의 표현이었다. 산노동은 자신에 대항하여

---

39 산노동(living labour): 마르크스는 노동자들이 가치를 생산하는 노동을 산노동이라고 했고 이러한 산노동의 축적분이 자본으로서 죽은 노동이라고 했다. 즉, 노동 과정을 통하여 노동은 끊임없이 활동적 상태에서 대상적 형태로 전화한다. 대상을 향해 작용을 가하는 살아 있는 노동을 산노동이라 하고, 어떠한 대상물에 포함되어 있는 과거의 노동을 죽은 노동 또는 대상화된 노동이라고 했다. 네그리는 이러한 개념을 받아들여서 산노동의 창조성과 자율성을 강조하고 산노동의 움직임에 대한 자본의 대응이 발전을 가져온다고 주장한다.

축적된 죽은 노동과 대결하기 때문에, 항상 고정된 영토화하는 구조들, 국민(일국)적인 조직들, 죽은 노동을 대변하는 정치적 인물들을 파괴하려고 한다. 이러한 투쟁 속에서 프롤레타리아트의 구성은 변해 왔고, 프롤레타리아트에 대한 이해 역시 변해야 한다. 자본에게 직접 고용되어 잉여가치를 생산하는 노동자라는 산업노동자계급[40] 개념에서 더 나아가, 자본주의적인 생산 및 재생산의 규범들에 의해 자신의 노동이 직접적으로나 간접적으로 착취되고 그 규범들에 종속되는 모든 사람을 포함하는 광범위한 범주로서 프롤레타리아트 개념을 제시할 수 있을 것이다.

프롤레타리아트는 차이와 층화에 의해 다양한 방향으로 분절된다. 그렇지만 오늘날 능동적인 다양한 생산 형상 사이에서 비물질 노동력의 형상이 자본주의 생산의 도식과 프롤레타리아트의 구성 양자에서 점차 중심적인 지위를 점한다.

---

40 산업노동자계급(industrial working class): 네그리는 다양한 노동층을 포괄하는 프롤레타리아트 개념에 대비해서 좁은 의미로 사용하고 있다. 즉, 산업 노동자계급은 전통적인 산업 부문에 속한 노동자를 말한다.

그리고 세계적으로 전개되는 새로운 프롤레타리아트의 투쟁 형태를 보면, 그들이 표현한 욕망과 욕구는 다른 맥락으로 번역될 수 없다. 소통이 주요해지고 있는 시대에 투쟁들은 거의 소통할 수 없게 되어 왔다. 물론 이러한 투쟁 모두가 그들 자신의 국지적이고 직접적인 환경에 집중되어 있을지라도 초국적 관련성을 지닌 문제들, 제국적 자본주의 규제의 새로운 모습에 고유한 문제들을 제기했다. 즉 이러한 투쟁들 모두는 상당히 다르고 국지적인 조건에 견고하게 뿌리내리고 있을지라도 즉각적으로 전 지구적 수준으로 도약하고 제국 권력을 전반적으로 공격한다. 또한 이러한 모든 투쟁은 경제 투쟁과 정치 투쟁 사이의 전통적인 구분을 파괴하며 동시에 경제적이고 정치적이고 문화적이다. 그 투쟁들은 생체정치적 투쟁이며 생활 형식을 둘러싼 투쟁이 된다.

그럼에도 투쟁들은 소통할 수 없다. 투쟁의 소통을 막는 실질적인 장애물은 투쟁들이 저항하는 공통의 적에 대한 인식이 없다는 것과, 각각의 특수한 언어를 사해동포적인 언어로 '번역'할 수 있는 공통적인 투쟁 언어(과거에는 예를 들

어 프롤레타리아국제주의 이념으로서 마르크스주의가 있었다)가 없다
는 것이다. 오히려 이 때문에 유사성에 기초해서가 아니라
차이, 즉 특이성의 소통에 기초해서 기능하는 새로운 소통
유형을 찾아내야 할 것이다.

또한 투쟁 방향과 관련하여 기존의 약한 고리론[41]은 그 힘
을 잃는다. 이제 제국의 구성에서 권력에 '외부'는 없으며
그러므로 약한 고리도 더 이상 없다. 모든 투쟁은 제국의
핵심을, 제국의 강점을 공격해야 한다. 그러나 그 어떤 지
리적 지역에 우선권을 두는 것이 아니라, 제국의 가상적 중
심을 그 어떤 지점에서도 공격할 수 있다는 것이다.

이제 제국을 넘어서는 운동 노선들을 추적하고 대안들을
밝히는 방향으로 나가보자.


## 2) 가상성[42]

제국 권력의 무–장소(실제로는 모든 곳)에 대항하기 위해

---

41 레닌은 제국주의 세력들 간의 싸움(전쟁) 속에서 러시아라는 약한 곳(약한 고
리)에서 제국주의 전쟁을 내전으로 전환하여 혁명을 수행하자고 주장하였다.

서는, 척도를 벗어난 측정할 수 없는 것에 주목하고 척도를 넘어선 것(가상적인 것)을 사유해야 한다. 측정할 수 없는 것은 미리 구성된 척도를 벗어나 있는 것이고 상황적이고 우연한 것을 가져온다. 가치는 측정할 수 없는 세계 속에서 살아가고 길러진다. 즉, 가치는 인간의 고유한 지속적인 혁신과 창조에 의해서만 결정될 것이다. 착취가 지속됨에도 생산적인 혁신 및 부의 창조가 계속된다는 점에서 가치는 여전히 강력하며 편재해 있다. 이 척도를 넘어서는 것, 즉 가상적인 것은 어떠한 외재적인 척도로부터도 자율적인 생산 활동(대중의 활동 역능)에 의해 만들어진다고 할 수 있다.

그에 반해 제국 권력은 자신의 생명력을 항상 새로운 에너지 및 가치 원천을 창조하는 대중의 역능에서 끌어오는 기생충이다. 대중의 가상적 역능이 지닌 척도를 넘어선 활

---

42 가상성(virtuality): 물리적인 한계를 지니지 않으면서도 현상적으로 존재하는 것으로 지각되는 상태를 일컫는 용어이다. 컴퓨터화가 진전되면서 하드디스크의 저장 공간처럼 쓰이지만 물리적인 한계를 갖지 않는 가상 디스크(가상 메모리)를 떠올릴 수 있다.

동은 제국의 존재론적 직조를 구성하지만 제국의 구성된 권력과 끊임없이 갈등한다. 제국은 대중의 자율적 활동이 가져온 척도를 넘어선 가치가 전복적인 것으로 되지 못하도록 권력을 행사한다.

세계 공간이란 가상성 속에서 이동적인 대중은 전 지구적 시민권을 획득해야 한다. 여기서 탈주의 형태로 유목주의[43]와 이종혼합[44]을 제기할 수 있다. 대중은 축적된 지식, 기술, 그리고 노하우가 창조한 집합적이고 사회적인 지성으로서 노동 역능을 지니고 있다. 제국은 이러한 역능을 빨아먹는 드라큘라이다.

따라서 제국에서는 가상적인 것과 현실적인 것 사이의 이행(넘어감)의 상이한 대안을 둘러싼 정치 투쟁이 중심적인 투쟁 지형이 된다. 가상적인 것은 가능한 것과 현실적인 것을 접속시키는 이음새이며, 척도 바깥에 있으면 파괴적인

---

43 유목주의(nomadism): 들뢰즈와 가타리가 사용한 개념으로 고정된 장소에 머물지 않고 끊임없이 이동해 다니는 방식을 지칭하기 위해 사용한 말이다. 노마디즘이라고도 한다.
44 이종혼합(miscegenation): 서로 다른 요소(유전자)가 섞이는 것을 말한다.

무기가 되고 척도를 넘어서 있으면 구성권력이 된다.

### 3) 제국의 생성과 부패

대중의 저항에 의해 촉진된 위기 속에서 형성된 제국은 생체정치적 세계이며 이 생체정치적 세계의 원동력은 생성 generation이다. 생성의 내용은 주체성이 지닌 특이하고 창조적인 과정이 사회에서 만들어 내는 노동 및 다양한 실험이다. 이러한 것들은 주체성(대중)의 욕망을 표현한다.

생성에 반대되는 것으로서 부패는 욕망의 사슬을 깨부수며 생체정치적 생산 지평을 가로질러 욕망의 확장을 방해하는 것이다. 부패 형태는 무한히 많지만 몇 가지를 지적할 수 있다. 근본적인 생체정치적 생산에 의해 규정되는 공동체 및 연대와 대립하고 이것을 파괴하는 것(마피아 형태의 부패), 마르크스주의에서 말하는 착취(영여가치 수취), 이데올로기의 기능 작용이나 언어적 소통 감각의 도착, 그리고 제국 정부가 실천하는 테러위협 등이 있다.

생성이 탈근대 속에서 우리에게 제공하는 것은 '척도를 넘어선' 신체들이다. 제국은 이러한 특이한 신체들의 공동체를 파열시키려 하며 그 공동체의 삶을 방해하려고 한다. 제국은 각종 부패를 통해 대중의 협동적 자율성을 부추기면서 동시에 그 자율성을 통제하려고 하는 반면, 대중은 그 자율성을 확장하여 구성권력을 만들어 가려고 한다.

### 4) 제국에 대항하는 대중

제국에서는 정치를 구성하는 사회적 갈등들은 어떤 종류의 매개 없이도 직접적으로 서로 드러난다. 여기서 모든 피착취자와 피지배자 사이에 어떠한 매개도 없이 제국에 직접적으로 대립하는 대중을 제시할 수 있다.

제국에 대항하는 대중의 구체적인 운동 방안으로 몇 가지를 제안할 수 있겠다. 첫째, 세계를 이동하는 자율적 대중이 지닌 역능을 활성화하는 방안으로서 '전 지구적 시민권'을 주장한다. 이것은 대중이 자신의 체류권과 이동권을 가짐으로써 공간에 대한 통제권을 재전유하여 새로운 지도를 제작할 수 있는 권리이다. 또한 공간적으로 주변화되는 다양한 층을 포괄할 수 있는 연대의 고리이기도 하다.

둘째, 생체정치적 생산이란 상황에서 사회적 임금과 모

두에게 보장된 수입을 확보해주는 '사회적 임금권'을 내세운다. 제국의 생체정치적 맥락에서 프롤레타리아트는 하루 종일 도처에서 항상 일(생산)한다. 바로 생체정치적 생산의 이러한 일반성에 근거한 사회적 임금에 대한 요구는 자본 생산에 필수적인 모든 활동에 대한 보상을 요구하는 것이므로, 실제로 보장된 수입이라는 요구를 전체 주민에게까지 확대한다.

셋째, 생산수단을 비롯한 지식, 정보, 소통, 정서에 자유롭게 접근하고 통제할 수 있는 '재전유권'을 주장한다.[45] 제국의 생체권력 영역에서 생산과 삶이 일치하는 경향이 있기 때문에, 계급투쟁은 삶의 전 영역에서 폭발할 잠재력을 지닌다. 언어 감각 및 소통 감각, 기계 및 기계사용의 문제,

---

45 재전유(reappropriation): 네그리는 소유 개념에 대비하여 전유 개념을 사용한다. 노동자계급이 대상들과 관계 맺는다는 의미에서 부르주아적인 법률 개념인 소유보다는 전유라는 개념을 사용하였다. 현실 사회주의가 소유 개념에 입각하여 국유화나 협동조합화를 통해 국공유를 지향했지만 그 근저에는 소유 개념을 전제로 하고 있었다. 전유 개념은 소유 개념에 대한 비판을 함의하고 있다. 소유권보다는 이용권을 강조한다고 할 수 있다. 더 나아가 재전유 개념은 사적인 공간이나 자본주의적 소유물에 대해서 노동자계급이 색다르게 사용해 나가는 것을 개념화하기 위한 것이다.

대중의 집합적인 경험과 실험, 생체정치, 대중의 구성권력 등에 기반하여 궁극 목적으로서 재전유권을 주장한다. 재전유권은 자기 통제 및 자율적인 자기 생산을 위한 대중의 권리이다.

물론 이러한 정치적 강령적 요구를 담지한 대중의 활동적 힘이 재전유와 자기조직화의 원동력이 되어야 할 것이다. 대중의 생산 양식은 노동이라는 이름으로 착취에 대항하여, 협동이라는 이름으로 소유권에 대항하여, 자유라는 이름으로 부패에 대항하여 제기된다. 나아가 노동 속에서 신체들을 자기 가치 증식하고, 협동을 통해 생산적 지성을 재전유하며, 자유 속에서 실존을 변형시킨다.

오늘날의 생산 기반(매트릭스)에서 노동의 구성권력은 인간의 자기가치증식(세계 시장의 모든 부문에서 모두에게 균등한 시민권)으로서, 협동(소통할 수 있고, 언어를 만들어낼 수 있고, 소통 네트워크를 통제할 수 있는 권리)으로서, 그리고 정치권력으로서 혹은 그 권력 기반이 모든 사람의 욕구 표현에 의해 정의되는 사회의 구성으로서 표현될 수 있다. 이것은 사회적 노동자[46]와 비물질 노동의 조직화, 즉 대중이 관리하고 조직하고 지도하는 생체정치적 통일체 ─작동중인 절대적 민주주의[47]─ 를 조직하는 것이다.

이러한 투쟁의 방향에서 제국 시대에 투사의 모습은 대중의 삶을 가장 잘 표현하는 사람, 즉 생체정치적 생산과 제국에 대항한 저항의 담지자여야 한다. 이념을 갖춘 대변인으로서의 지식인이 아니라, 대중의 역능(욕망)을 활성화할 수 있는, 즉 대표제적인 활동이 아니라 구성적인 활동을 해 나가는 활동가의 모습 말이다.

## 5) 대항 제국

제국 안에서 제국에 대항하는 기획은 운동의 조직적 이

---

46 사회적 노동자(social worker): 1968년 이후 나타난 이동적이고 유동적이며 다양한 형태를 띤 노동자를 말한다.

47 절대적 민주주의(absolute democracy): 네그리가 스피노자의 절대 정부(통치) 개념에서 도출하여 사용하는 개념이다. 대의제를 비판한다는 의미에서는 직접 민주주의에 가깝다. 그러나 직접 민주주의는 대의제와의 대비 속에서만 의미를 가지고 있다. 그에 비해 절대적 민주주의란 그 구성원인 대중이 끊임없이 자신들의 활동을 구성해 감으로써 기존의 지배 권력을 변형시켜 가는 점을 강조한다. 또한 현실적으로는 기존의 지배 체제 속에서 특정한 집단들이 자신들의 고유한 규칙들을 만들어서 지배 체제와 색다르게 운영해 나가면서 자신들의 활동 공간을 넓혀가는 것을 의미한다.

동성과 운동의 인종-언어적 잡종성hybridity을 보여주는 세계 산업 노동자 조합[48]의 사례에서 그 모습을 찾을 수 있다. 세계화에 대항하는 지방화가 아니라, 전 지구적으로 생각하고 전 지구적으로 행동하는 것을 배워야만 한다.

자본주의적 착취 관계는 공장에 한정되지 않고 사회 전체로 확산되는 경향을 보이면서 어디에서나 팽창하고 있다. 노동력이 지닌 바로 그 특질들(차이, 척도, 그리고 결정)은 더 이상 파악될 수 없고, 마찬가지로 착취 또한 더 이상 특정 장소(예를 들어 공장)에 한정되거나 양적으로 계산될 수 없다. 제국은 바로 노동이 착취당하는 세계적 생산의 무-장소이다. 물론 무-장소는 전 지구에 두뇌, 가슴, 몸통, 손발을 가지고 있다.

여기서 '왜 사람들이 반란을 일으키는가' 하는 문제보다

---

48 세계산업 노동자 조합(Industrial Workers of the World, IWW): 이 조합은 20세기 초 수십 년 동안 매사추세츠 주의 로렌스와 뉴저지 주의 패터슨에서부터 워싱턴 주의 에버레트에 이르기까지 강력한 파업들과 폭동들을 조직했다. 다양한 이주노동자 사이에서 지속적인 조합구조를 남기지 않고 다양한 파업을 조직한 것으로 유명하다. 세계를 가로질러 온갖 언어를 사용하는 온갖 인종의 노동자들을 엮어내는 모습을 보여주었다.

는 '왜 사람들이 반란을 일으키지 않는가'를, 라이히의 문제 설정대로 '왜 인간은 마치 예속이 자신들의 구원인 것처럼 완강하게 자신들의 예속(노예 상태)을 위해 싸우는가'를 따져 봐야 한다.

사실상 제국 권력은 더 이상 대중의 역능을 훈육할 수 없다. 제국 권력은 대중의 역능이 지닌 일반적인 사회적 능력과 생산적 능력에 대해서 통제를 가할 수 있을 뿐이다. 경제적 관점에서 보자면, 유연하고 전 지구적인 화폐 체계가 조절 기능자로서의 임금 체제를 대체한다. 규범적인 명령은 통제 절차와 경찰로 대체되었다. 그리고 지배의 실행은 소통 네트워크들을 통해 이루어진다. 이것이 바로 착취와 지배가 제국 영역 위에 어디에서나 이루어지는 방식이다. 비록 여전히 대중의 살갗 위에서 구체적으로 경험되고 있다 할지라도, 착취와 지배는 너무나 무정형적이어서 감출 여지조차도 없는 것 같다. 만약 외부라고 인식될 수 있는 장소가 더 이상 존재하지 않는다면, 우리는 모든 장소 내부에서 저항해야만 한다.

훈육 시대에는 사보타지가 저항의 근본 관념이었던 반

면, 제국적 통제 시대에는 탈주가 저항의 근본 관념일 것이다. 탈주는 어떤 장소를 차지하지 않고 권력의 장소를 철거하는(비우는) 것이다. 근대의 역사를 통틀어 볼 때, 노동 인구의 이동성 및 이주는 항상 거부와 해방 추구를 표현한다. 이주migration라는 유령을 볼 때, 뒤에서 밀고 있는 것은 소극적으로는 제국적 재생산이 지닌 비참한 문화적·물질적 조건으로부터의 탈출이다. 그러나 적극적으로 앞으로 당기는 것은 풍부한 욕망이고, 표출적이며 생산적인 능력의 축적이다. 이렇게 볼 때 탈주와 탈출[49]은 제국적 탈근대 '안에서 반대하는' 강력한 계급투쟁의 한 형태이다.

저항하는 사람들은 자신들이 처한 조건의 국지적이고 특별한 구속으로부터 벗어나려고 하면서, 또한 끊임없이 새로운 신체와 새로운 삶을 만들어내기 위해 시도해야 한다. 따라서 오늘날 투쟁한다는 것은 제국 안에서 투쟁하면서도

---

49 탈출(exodus): 출애굽기에 나오는 유대인의 행적을 지칭하던 용어이다. 네그리는 노동 거부를 전체 자본주의 사회 관계에 대한 거부로 확장하면서 이 개념을 채택한다. 변증법적 정치학에서처럼 적에게 대립하여 투쟁하기보다는 도주해버림으로써 적을 무력화시킨다는 책략을 함의한다. 주로 노동력의 국제적 이동을 언급한다.

제국의 잡종적이고 변조해가는 영역 위에서 제국에 저항하여 색다른 공동체들을 건설해 가는 것을 의미한다.

이상과 같이 '제국주의에서 제국으로의 이행'이라는 테제로 네그리와 하트가 『제국』에서 주장한 지구화(세계화) 논의를 정리하고 대중의 역능에 기초한 저항운동을 생각해 보았다.

우리가 직면하는 제국은 엄청난 억압과 파괴력을 휘두르지만, 그러한 사실 때문에 우리가 어떤 식으로든 구 지배형태를 그리워해서는 안 된다. 제국으로의 이행과 세계화 과정은 해방(자유화) 세력에게 새로운 가능성을 제공한다. 물론 세계화(전 지구화)는 하나의 사태가 아니라 복수적 과정이며, 통일되어 있거나 단성적이지 않다.

우리의 정치적 과제는 이러한 과정에 단순히 저항하는 것이 아니라 그 과정을 재조직하여 새로운 목표를 향해 나아가도록 하는 것이다. 제국을 유지하는 대중의 창조적 힘은 또한 대항 제국을, 즉 전 지구적 흐름과 교환의 대안적인 정치 조직을 자율적으로 만들어낼 수 있다. 따라서 현실적인 대안을 만들어내기 위한 투쟁뿐만 아니라 제국에 항의하고 제국을 전복하는 투쟁은 제국 지형 자체 위에서 발생할 것이다. 그러한 새로운 투쟁은 이미 전 지구(세계적 공장)에서, 공장에서, 학교에서, 감옥에서, 사무실에서, 길거리에서, 내 머릿속에서 발생하기 시작하였다.

물론 이러한 (거부)투쟁들을 통해 대중은 새로운 민주적 형식들을, 새로운 삶 형식들을 만들어 감(자기가치증식[50])으로써, 제국을 관통하고 제국을 넘어설 수 있을 것이다. 제국 권력을 장악해서가 아니라 제국의 기계들과는 다르게 움직이는 기계들을 발명함으로써.

흔히 제3세계라고 불리는 지역이나 한국의 경우에도 대중은 점점 더 제국과 직접 대립하게 된다. 제국은 다양한

---

50 자기가치증식(self-valorization): 1970년대에 네그리는 노동 거부에 대한 보완물로서 또는 오히려 노동 거부에 내재한 긍정성을 특성화하는 수단으로서 마르크스의 『요강』에서 따온 '자기가치증식(Selbstverwertung)'이라는 개념을 발전시켰다. 자기가치증식은 비노동의 영역에서, 즉 자본주의적 생산 관계가 지배하지 않는 영역에서 자본에 대립하는 모든 사회 세력 및 노동자계급이 창조하는 가치 생산 영역들을 말한다. 네그리에 따르면 자기가치증식은 일종의 본원적 축적으로서, 고정된 부의 축적이 아니라 자본의 재생산 권력과는 분리된, 사회의 자율적 재생산 역능을 규정하는 욕망들, 즐거움들, 그리고 실천들의 축적으로서 구축된다.

네트워크를 통해 대중에게 직접 압박을 가한다. 더 이상 매개를 통한 해결이 아니라 모두가 모든 곳에서 나서야 할 때이다. 다양한 분자적·국지적 투쟁과 전 지구적 연대투쟁을 뱀처럼 요동치게 하면서 사회적 공장,[51] 전 지구적 공장 곳곳에서 벌여 나갈 때, 제국의 압박에서 벗어날 수 있는 자유의 공간들을 확장해 나갈 수 있을 것이다.

---

51 사회적 공장(social factory): 네그리는 공장의 지배가 전 사회적으로 확산되어 사회가 하나의 공장이 되었다는 의미에서 사회적 공장이라는 말을 쓴다. 또한 사회를 지칭할 때에도 공장-사회(factory-society)라는 말을 쓴다. 자동화와 더불어 공장 안에서 사람들이 공장 밖으로 밀려나며 공장들은 분산된 공장 (diffused factory)이 된다. 그러나 공장 밖에서 사람들은 다른 노동들을 계속해 나간다.

# 2부
## 대중 – 대중의 등장과 사회운동의 방향

인간은 자유롭게 태어났다. 그런데 왜 인간은 마치 노예 상태가 자신들의 구원인 것처럼 완강하게 자신들의 노예 상태를 위해서 싸우는가? 왜 대중은 복종을 달게 받고 있는가? 왜 인민은 자발적으로 억압을 자청하고 있는가?

대중의 권리를 대표자에게 양도한다는 계약론적 정치철학이 정치과학이라기보다는 지배를 은폐하는 합리적 이데올로기라면Negri, 2007: 175-253, 위 질문들은 정치철학의 근본 문제라고 할 수 있다. 오히려 '공포와 희망의 정치'라는 계보 속에 있는 사람들은 바로 그 질문을 통해 다른 정치를 구상해 나간다. 서구사상에서 볼 때에는 '홉스–루소–헤

겔-하버마스'라는 지배적(관념론적) 사유노선의 계약론적 정치사상('계약의 정치')에 대립하여, '마키아벨리-스피노자-마르크스-라이히-네그리'라는 유물론적 사유노선('공포와 희망의 정치')은 대중의 자유를 확장하는 정치사상을 전개해 나간다.

'공포와 희망의 정치'라는 사유노선에 있는 마키아벨리와 스피노자에 근거하면서 대중을 새로운 주체로 설정해 나가고 있는 네그리의 논의를 중심으로, 대중의 등장과 그에 따른 사회운동의 방향에 대해 생각해 보자네그리·하트, 2008.


## 1. 대중 개념의 계보

이미 오래전부터 '공포와 희망의 정치'의 노선에서 대중의 자유에 대해서 생각해 본 사람들이 있었다. 라 보에티La Boetie는 16세기 중엽에 『자발적 복종』이라는 텍스트 속에서 "과연 어째서 그렇게 많은 사람들, 그렇게 많은 마을과 도시, 그렇게 많은 국가와 민족들이 독재자의 전제정치를 참고 견디는 일이 항상 일어나고 있는가"라고 질문한다. 그는 인민의 자발적 복종이 독재자를 지켜주고 있다고 말한다. 그리고 인민에게 자신들의 자유를 느끼고 실천할 것을 권고한다라 보에티, 2004: 14-29.

라 보에티의 문제제기와 권고는 이미 마키아벨리마키아벨리, 1975에 의해, 그리고 나중에는 스피노자스피노자, 1978에 의해 대중의 힘puissance(역능)에 근거한 민주주의를 구성해 나감으로써 대중multitude의 자유를 확장해 나가려는스피노자, 1990 정치론으로 이어진다.

마르크스주의 등장 이후 대중의 자유에 대한 문제제기는 실천의 문제로 제기되어 왔다. 노동자계급 전위당에 의해 지도받는 '대중mass[1]'이라는 그림이 그려지자 '대중'에 대한 논의나 민주주의의 구체화 과정에 대한 문제는 이념을 확보한 전위당에게로 위임되었다. 물론 전위당은 노조나 다른 대중조직(인민위원회나 소비에트)들과 연계를 맺으면서 대중과 접촉하였으나 이러한 조직들은 전달벨트가 되어 버렸

---

1  multitude와 구분하기 위하여 mass는 '대중'으로 표기한다. 그러나 명확한 구분이 의미가 없을 때는 일반적으로 대중이라고 쓴다.

다. 현실 사회주의에서 나타난 이러한 현상을 누구보다도 빨리 감지하고 대중에게 관심을 돌린 사람이 바로 라이히 이다.

빌헬름 라이히Wilhelm Reich는 프로이트의 제자로서 정신분석에 입문하여 프로이트의 리비도이론을 부여잡고 오르가즘론으로, 에너지론으로, 생체발생학으로 나아갔다. 그 와중에 라이히는 마르크스주의와 접하면서 대중의 정신건강이라는 문제를 제기했고 특히 치료보다는 예방이 중요하다고 생각하였다라이히, 2000. '노동자계급'뿐만 아니라 '노동하는 모든 사람'에 초점을 맞추면서, 권위주의적 가족과 성 억압이 대중의 성격구조를 비합리적으로 만들어서 파시즘에 복종하게 만든다고 주장하였다라이히, 2006. 그는 대중의 성 억압을 철폐하고 오르가즘을 충만하게 함으로써 자율적인 인간구조를 만들어 내 파시즘과 같은 비합리적인 현상을 제거해 갈 수 있다고 생각하였다라이히, 2005. 더욱이 그는 이러한 주체성 형성 위에서 '지배하는 정치'에 대립하는 '자연스런 노동민주주의'를 만들어 갈 수 있다고 하였다. 또한 마르크스주의의 이데올로기(계급의식) 문제에 대해서도 지도

부, 즉 혁명전위의 의식과 평균적 시민 다시 말해 대중의 의식을 구분하면서, 계급의식을 외부에서 주어지는 이념으로서가 아니라 대중의 자발적 의식과 결합해 나갈 것을 주장하였다라이히, 2011. 그리고 당연한 귀결로서 '고위정치'가 아니라 대중과 결합하는 대중정치, 즉 '일상의 정치'를 강조하게 된다.

물론 이러한 흐름과는 달리 군중crowd이나 대중에 대한 사회학적 연구도 있다. 이성의 시대에 감정과 선동에 의해서 움직이는 군중('대중')에 대한 불안한 시선이 있어 왔다. 르봉Le Bon은 한 세기 전에 "현대는 군중의 힘을 중시해야 하는 군중의 시대다"라고 하면서 낡은 이념이 무너지고 새로운 이념이 태동하지 못한 공백기의 불가피한 현상으로서 군중이 지배세력이 되었다고 판단한다. 그런데 군중은 합리적이고 이성적인 사고에 따라 움직이는 것이 아니라 로봇처럼 비이성적인 힘의 지배를 받는다고 한다. 따라서 군중의 시대에는 대중의 격정과 원동력을 이끌어 내는 카리스마를 갖춘 지도자가 필요하다고 보았다르봉, 2005. 사실 르봉은 대중의 자유를 생각하기보다는 통치자의 입장에서 대중을 어

떻게 제압할 것인가를 군중이란 틀을 통해 분석하고 제시했다고 볼 수 있다.[2]

대중의 등장에 주목한 다른 사람으로는 오르테가 이 가세트Ortega y Gasset가 있다. 가세트는 1920년대 말에 『대중의 반역』이라는 책에서 당시의 특징을 '대중'의 출현이라고 얘기한다. 대중은 특별한 자질이 없는 사람들의 집합체이며, 따라서 '노동대중'을 포함하는 '평균인'이라고 한다. 물론 이런 대중이 이전부터 있었지만 20세기에 들어서는 스스로 지배하려 든다고 하며 이것을 대중의 반역이라고 한다. 그는 역사의 주체는 개별 영웅이나 대중이 아니라 세대와 세대를 거쳐 살아가는 당 시대의 소수와 대중이 엮어내는 역동적인 조합이라고 본다. 따라서 선택된 소수와 대중이 각각 자신의 정체성을 깨달아 제 위치에서 제 역할을 담당하는 길(참된 도덕을 회복하는 길)이 해결책이라고 제시한다. 그런데 대중은 도덕이 없다고 한다가세트, 2005. 가세트는 대

---

2  르봉 이외에도 군중의 움직임에 대해서 『모방의 법칙』이라는 책에서 세밀하게 분석한 Gabriel Tarde가 있다. 이에 대해서는 세르쥬 모스코비치(1996, 4-5부) 참조.

중의 공포를 느끼면서 대중을 도덕으로 진정시키려고 한다. 물론 대중의 자유에 대해서 얼마나 생각했는지는 의심스럽다.

군중('대중')에 대한 관심은 파시즘을 겪으면서 '군중(대중)과 권력'이라는 문제에 집중된다. 카네티Kanetti는 군중과 권력은 서로 극히 밀접하게 관련되어 있어서 둘 중 어느 한편이 결핍되면 나머지를 이해할 수 없다고 하였다카네티, 2002. 그는 군중을 다양한 종류로 구분하고 군중의 움직임을 분석하면서, 군중이 권력을 위협한다는 것을 느끼고 있었다.

이러한 군중('대중') 논의에 대해 미국식 '대중사회론'은 획일적이고 수동적인 대중과 대중매체에 의한 지배를 강조하는 쪽으로 간다. 물론 그 안에서 '고독한 군중'을 바라보면서 주체성 문제를 제기하는 사람도 있다리즈만, 1999. 독점자본주의 사회 안에서 자동인형처럼 되어 가는 일차원적 인간마르쿠제, 1983은 개인으로서는 군중 속에 있지만 고독함을 느끼는 주체라는 것이다. 이러한 논의에서는 대중 주체가 자유를 추구하는 모습을 볼 수는 없다.

최근에는 휴대폰과 인터넷으로 무장한 새로운 군중이 등

장하였다. 새로운 도구들을 이용하여 여러 가지 쟁점에 개입하는 영리한 군중(참여군중)이 등장한 것이다<sub>라인골드, 2003</sub>. 그러나 인터넷 공간도 단순히 도구만의 문제가 아니라 참여군중의 또 다른 공간 만들기의 과정으로서 중요하다<sub>황규민, 2006: 115-121</sub>. 더욱이 융합미디어 환경에서 대중은 대안미디어를 활성화하고 대항 공공영역을 확장할 수 있는 주체로 나설 수도 있다<sub>조동원, 2006: 60-78</sub>.

이상과 같은 군중 혹은 '대중'에 대한 관심이 네그리의 대중론에서는 서로 얽혀들어 가는 것처럼 보인다. 그렇지만 네그리의 대중론은 기본적으로는 마키아벨리와 스피노자의 논의에 기반하여 자유를 추구하는 대중을 강조하면서 마르크스주의의 계급 개념을 확장해 나가려고 한다. 즉, 네그리는 마키아벨리와 스피노자에게서 대중의 역능[3]

---

3 역능(puissance): 역능 개념은 대표제 모델에서 생각하던 권력 개념과 대비되고 모든 개별자(singularity, 특이성)가 지닌 잠재력을 말하며, 스피노자적인 욕망에 기초한 개념이다. 역능을 지닌 개별자들이 차이를 확인하면서 새로운 것을 구성해 나가는 방식을 통해 권력 대표가 아닌 새로운 사회(공동체)를 만들어 가자는 문제의식에서 사용되는 개념으로, 권력자의 지배 개념에서 벗어나 특이한 개별자가 지닌 새로운 것을 구성해 내는 능력을 말한다.

에 입각하여 민주주의를 구성해 나가는 정치론을 발견하고 그것을 변형하여 현 시대에 적용하려고 한다.

## 2. 새로운 주체로서 대중의 등장

네그리와 하트가 주장하는 대중 개념을 파악해 나가기 위해 유사개념과 비교해 보고, 또한 마르크스주의적인 계급 개념과도 비교해 보자.

### 1) 대중 개념과 유사 개념의 비교

앞에서 얘기해 온 군중 혹은 '대중'은 수동적 주체들로서 이성에 따라 움직이기보다는 감정과 격정에 따라 움직이는 것으로 생각한다. 군중을 이루는 상이한 개인들이나 집단들은 비일관적이고 공통의 요소들을 지니고 있지 않으며, 따라서 그들의 차이의 집적은 활성화되지 않은 채 쉽게 하나의 무차별적인 결집으로서 나타날 수 있다. 그러므로 군중, '대중', 무리mob로 표현되는 주체들은 스스로 행동할 수 없고 지도받아야 한다고 한다.

인민people은 전통적으로 통일적인unitary 개념이다. 물론 주민은 온갖 종류의 차이로 특징지어지지만 인민은 그 다양성을 하나의 통일체로 환원하며 주민들에게서 단일한 정체성을 만들어 낸다. 즉, '인민'은 하나다. 인민은 자신에게서 벗어나 있는 것을 배제하고 그것과 자신의 차이를 설정하면서 내적으로는 정체성과 동일성으로 향하는 경향이 있다. 또한 인민은 주권을 위해 준비된, 구성된 집합체이다. 그러므로 인민은 대표화되지 않는 대중의 의지 및 행동으로부터 독립적이며 종종 그것과 충돌하기도 하는 하나의 단일한 의지 및 행동을 제시한다. 사실 인민 개념은, 흔히 인민민주주의로 표현된 정치체제에서 잘 드러나듯이 좌파의 민족해방운동을 통해서 국민국가의 진보성을 지닌 주체로서 인식되어 왔다. 예를 들어 인민은 매판자본가들을 제외하고 민족자본가들과 프티부르주아지를 포함하기도 한다. 또한 우파의 입장에서는 국민국가의 내실이 빈약할 때마다 인민 개념을 동원하여 채우려고 하였다. 그래서 인민(민중) 개념은 주권국가(국민국가)의 토대로 여겨져 왔다.

'대중mass'은 통일성이나 동일성으로 환원될 수 없기 때문에 인민과 대비된다. '대중'은 온갖 유형과 종류로 이루어져 있지만, 그 본질은 무차별성indifference이다. '대중' 속에 모든 차이가 가라앉고 빠져버린다. 주민(일정한 경계 안에 있는 모든 사람)의 모든 색깔은 회색을 띠게 된다. 이러한 '대중'은 구별되지 않고 동일한 형태의 혼합체를 이룰 때만 하나가 되어 움직일 수 있다. 미국식 대중사회론에서는 특히 대중매체에 의해서 획일화되고 수동적인 주체로서의 '대중'을 현대 사회의 구성원이 지닌 주요 특성이라고 분석한다.

'대중', 인민 개념과 관련하여 살펴볼 개념으로는 국민 nation 개념이 있다네그리·하트, 2001: 150-158. 18세기 말과 19세기 초 사이에, 서구에서 근대 국민국가의 형성과 더불어 국민 주권 개념이 출현하였다. 일정한 영토 안에서 언어적·생활적·인종적 공통성을 지닌 주민 집단으로서 국민(민족)은 국민국가의 토대로 생각되었다. 물론 국민개념이 국가권력의 구도 위에서 통일된 주민집단이라고 하지만 그 내적 역동성이 미약해지자 인민을 언급하게 된다.

인민이나 '대중', 국민에 비해 대중~multitude~(다중)은 복수성, 특이성[4]들로 구성된 열린 집합이다. 대중은 상이한 문화, 인종, 인종성, 젠더, 성적 지향, 상이한 노동 형태, 상이한 생활방식, 상이한 세계관, 상이한 욕망 등을 지닌 집합(복수성)이다. 대중은 이 모든 특이한 차이로 이루어진 복수성이다. 이러한 대중을 강조하는 것은, 대중을 구성하는 특이한 사회적 차이들이 표현되고 활성화되어야지, 동일성·통일성·정체성 혹은 무차별성으로 평면화될 수 없다고 보기 때문이다.

대중은 내적으로 다른 상태로 있으면서 공통적으로 소통하고 활동하는 주체이다. 다시 말해서 대중이란 특이성들 위에서 행동하는 능동적인 사회적 주체를 가리킨다. 대중의 구성과 행동은 정체성이나 통일성(혹은 무차별성)에 근거

---

4  특이성(singularity): 들뢰즈와 가타리가 쓴 개념으로 네그리도 차용해서 쓰고 있다. 흔히 변증법적 논리에서는 보편성과 개별성의 연결고리로서 특수성을 이야기한다. 그에 반해 특이성이라는 개념은 일반적 법칙 혹은 보편적인 구조의 관념을 허물어뜨리고 특정한 시기와 장소에서 특정한 사회적 실천을 둘러싸고 구성되는 고유한 가치 또는 특성을 말한다. 개별성이 지닌 고유한 가치들을 인정하고 그 위에서 차이들을 없애려 하지 않고 오히려 차이들을 풍부화해 나가려는 것이 특이성에 근거한 대중의 구성 논리이다.

하지 않고 자신이 공통적으로 가지고 있는 것(소통성)에 근거하고 있다. 따라서 대중은 군중이나 '대중'처럼 지도를 받아야 한다기보다는 스스로 공통성[5]을 만들어 가고 자신들을 조직화해 나갈 수 있다고 본다.

## 2) 마르크스주의적 계급 개념과 대중 개념

마르크스주의 논의에서는 자본주의사회의 기본계급이면서 새로운 사회의 담당자로 설정되는 노동자계급이 있다. 그런데 사실 노동자계급 개념은 배타적인 개념으로 사용되어 왔다. 노동할 필요가 없는 소유자들과 구분되고 또한 일하는 다른 사람들과 구분되는 노동자들을 가리키는 것으로 사용되어 왔다. 가장 좁은 의미에서는 노동자계급 개념은 농업·서비스·다른 부문의 노동자들과 구분되는

---

5 공통성(commonality): 상이한 개별자들 간에 동형성의 원리에 입각하여 도출해 내는 동일화하는 공통성 개념과는 반대로, 특이한 개별자들의 차이를 강조하면서 소통의 통로를 넓혀가는 공통성을 말한다. 차이들 안에서 같은 것을 추출해 내는 것과 같은 보편성을 추구하는 추상원리에 입각한 공공성이 아니라, 특이성들 사이에서 제3의, n번째의 새로운 것을 만들어 내는 것을 의미한다.

산업노동자들만을 가리키는 데 사용되었다. 가장 넓은 의미로는 가난하고 임금을 받지 않는 가사노동자 및 임금을 받지 않는 다른 모든 노동자와 구분되는 '모든 임금 받는 노동자'를 나타낸다.

이러한 노동자계급 개념에 비해 대중은 열린 포괄적인 개념이다. 한편으로 노동자계급은 그 수가 전 세계적으로 줄어들지는 않더라도 더 이상 전 지구적 경제에서 헤게모니적 역할을 하지 않는다. 다른 한편으로 오늘날 생산은 경제적 측면에서뿐만 아니라 더욱 일반적으로 사회적 생산으로서 받아들일 수 있다. 물질적 재화의 생산뿐만 아니라 소통·관계·생활형식의 생산으로서 받아들일 수 있다. 특히 생산의 정보화와 컴퓨터화, 그에 따른 노동의 비물질화(비물질 노동) 경향이 지배적이게 되었다. 따라서 대중은 잠재적으로 사회적 생산의 온갖 다양한 형상으로 이루어져 있다. 인터넷 같은 분산된 네트워크가 대중의 좋은 이미지이자 모델이다. 왜냐하면 다양한 노드node들은 서로 떨어져 있지만 모두 웹에 연결되어 있으며, 네트워크의 외적 경계는 각 노드들과 새로운 관계들이 항상 추가될 수 있도록 개

방되어 있기 때문이다<sub>Negri&Hardt, 2004: 14-15.</sub>

대중은 또한 인종, 성, 성 정체성 등의 차이들을 포함하는 개념이기도 하다. 자본주의사회는 자본과 노동, 소유자와 비소유자, 비노동자와 노동자 사이의 분할로 특징지어지기도 하지만, 특히 현대 자본주의사회에서는 경제적 차이들뿐만 아니라 인종, 종족, 지리(입지), 성, 성 정체성, 그리고 다른 요소들에 근거한 잠재적으로 수많은 차이가 나타나고 있으며, 대중 개념은 이러한 차이들을 지닌 집단들을 포괄하려고 한다.

그와 더불어 대중 개념은 마르크스의 계급투쟁이란 정치적 기획을 확장해 나간다. 수많은 특정한 노동유형, 생활형식, 지리적 입지 등에 따라 공통적·정치적 기획을 만들기 위해 소통과 협동을 촉진해 나갈 것을 제안한다. 적극적으로 규정한다면, 대중은 '자본 아래에서 일하는 모든 사람'이며, 그러므로 잠재적으로는 자본의 지배를 거부하는 사람들이라고 생각할 수 있다. 배제원리에 입각하여 구성된 노동자계급 개념을 사용하면서 노동자계급으로부터 다른 노동형식들을 배제하는 것은, 예를 들어 남성산업노동과 여성재생산노동, 산업노동과 농업노동, 고용된 노동과 비고용된 노동, 노동자와 가난한 사람(빈민) 사이에 일정한 차이가 있다는 관념에 근거하고 있다. 그리고 노동자계급은 일차적인 생산적 계급이고 직접적으로 자본 아래에 있으며 따라서 자본에 효과적으로 대항해서 활동할 수 있는 유일한 주체라고 생각된다. 그래서 다른 피착취계급들도 자본에 대항해 투쟁할 수 있지만 노동자계급의 지도에 따라서 해야 하는 것으로 상정한다.

이에 반해 대중 개념은 노동형식들 사이에 어떤 정치적인 우선성도 없다는 주장에 근거하고 있다. 즉, 오늘날 모든 노동형식은 사회적으로 창조적이며 공통적으로 생산하며 또한 자본의 지배에 저항할 수 있는 공통적인 잠재력을 지니고 있다고 본다. 산업노동이나 노동자계급이 중요하지 않다는 것이 아니다. 오히려 대중 안에서 다른 노동계급들과 관련하여 어떤 정치적 우선권도 지니지 않는다는 것을 의미할 뿐이다. 노동자계급 개념보다 좀 더 폭넓은 프롤레타리아트 개념(산업노동자 외에도 가사노동자나 여타 주변적 노동자를 포함)에서 더 나아가 대중 개념은 자본의 지배 아래에서 살고 일하는 모든 사람을 의미하는 것으로 확장된다. 그리고 이러한 개념을 제기하는 것은 이제 노동을 분할하는 데 사용된 일정한 차이가 더 이상 적용되지 않는다는 것을, 달리 말해서 다양한 종류의 노동이 소통하고 협동하고 공통적인 것이 될 수 있는 조건들이 실존한다Negri&Hardt, 2004: 101-106는 것을 주장하고 싶기 때문이다.

## 3) 빈민

여기서 대중 개념의 중요한 구성요소인 가난한 사람the poor(빈민)에 대해 좀 더 살펴보자. 먼저 네그리와 하트는 임금노동에서 배제된 사람들 — 빈민, 실업자, 비임금자, 홈리스 등 — 은 사회적 생산에 참여하고 있고 당연히 대중에 속한다고 본다. 거대한 위계 및 복종 메커니즘에도 불구하고 빈민은 끊임없이 생산의 엄청난 힘(역능)을 표현한다. 다양한 서비스노동에 참여하는 것, 농업에서 더욱 증대되는 중심적 역할을 수행하는 것, 거대한 이주에서 볼 수 있는 빈민들의 이동성 등은 빈민이 사회적·생체정치적 생산의 순환 속에 있다는 것을 보여준다. 빈민은 전통적으로 노동하는 모든 계급과 함께 사회적 생산과정에 점점 더 포함되고 있다.

전통적인 공산주의자들이나 사회주의자들은 빈민이 자본주의적 생산에서 배제되어 있기 때문에 정치조직의 중요한 역할에서도 배제되어야 한다고 생각했다. 그러므로 일차적으로 당은 전통적으로 헤게모니적인 생산형식에 고용되어 있는 산업노동자계급의 전위노동자들로 이루어진다. 빈민은 정치조직의 성원이 될 수 없었고, 실업자 빈민은 더욱더 될 수 없었다. 더욱이 빈민은 위험하다고 인식되었다. 비생산적인 사회적 기생충 ─도둑, 매춘부, 마약중독자 등─ 이기 때문에 도덕적으로 위험하거나 비조직화되어 있으며 예측 불가능하고 경향적으로 반동적이기 때문에 정치적으로 위험하다고 인식되었다. '룸펜프롤레타리아트'라는 용어는 종종 빈민 전체를 악마화하는 데 기능하였다. 게다가 빈민은 산업화 이전의 사회형식들의 잔여로, 일종의 역사적으로 거부된 형태라고 생각하곤 했다.

물론 이러한 흐름은 정당 마르크스주의의 편향이기도 했다. 대중파업을 강조하면서 룸펜프롤레타리아트의 자생성과 봉기적 성격을 강조한 로자 룩셈부르크가 있었고룩셈부르크, 1995, 레닌조차도 정세에 따라서 소비에트('모든 권력을 소비에트로')와 농민의 자생적 조직화를 강조하기도 하였다. 주류 공산주의 흐름(정당 마르크스주의)에 눌려 버렸지만 다양한 코뮌을 확산시킬 것을 강조하는 평의회 마르크스주의 흐름도 있었다윤소영, 2004. 당연히 대중 논의와 관련하여 이러한 흐름을 강조하고 복원할 필요가 있을 것이다.

마르크스주의자들은 경제적인 측면에서 빈민을 '산업예비군'이라고 분석하기도 하였다. 일시적으로 실업상태이지만 언제든 생산에 투입될 수 있는 잠재적 산업노동자의 저장고로 보았다. 산업예비군은 항상 현존 노동자계급을 위협하는 존재라고 생각하였다. 무엇보다도 산업예비군의 비참함은 노동자들에게 생길 수 있는 것을 보여주는 끔찍한 실례이며, 산업예비군이 나타내는 노동의 과잉공급은 노동비용을 낮추고 고용주에 대항하는 노동자들의 힘을 훼손한다고 보았다. 잠재적으로 파업파괴자로 기능한다고 분석하기도 하였다. 이러한 이론이 전 지구화 상황에서 다시 나타나기도 한다. 기업들은 일종의 노동 '덤핑'을 통해 노동의 비용을 낮추기 위해서 직무들을 이동시키고, 서로 다른 나라들에 있는 노동 및 노동조건의 차이들을 이용한다. 지배국들의 노동자들은 끊임없이 그들의 작업장이 폐쇄되고 그들의 직무가 수출될 것이라는 압력 아래 살고 있다. 그러므로 가난한 전 지구적 남부는 전 지구적 북부에 뿐만 아니라 전 지구적 남부의 다른 부분들에 있는 노동자들에 대항하여 전 지구적 자본이 지키는 산업예비군으로 나타난다. 예를 들어 사업체들을 중국으로 옮기겠다는 위협이 남북 아메리카의 노동자들에게 사용되고 있다. 전통적으로 많은 공산주의적·사회주의적 정치기획들이 각 나라 안에 있는 산업예비군의 파괴적 압력으로부터 노동자계급을 구하려 노력했듯이, 오늘날 지배적인 나라들의 많은 노조는 종속국들의 가난한 노동자들의 압박으로부터 자국 노동자들을 구하려는 책략들을 채택하고 있다. 자본가들의 노동자계급에 대한 분할 및 배제전략에 동조하는 꼴이 되어 버렸다.

그러나 빈민이나 전 지구적 남부를 산업예비군으로 생각하는 것은 잘못이다. 고용자와 실업자 사이의 사회적 구분이 더욱더 흐려지고 있으며, 오히려 모든 노동자가 고용과 실업 사이를 불안하게 오가는 거대한 회색지대가 있을 뿐이다. 또한 어떤 노동력도 사회적 생산 과정에서 벗어나 있지 않다는 의미에서 '예비'는 없다. 빈민은 자본에게 직접적으로 고용되거나 연계되지 않음에도 불구하고 다양한 영역에서 색다른 활동들에 개입하며 자본은 바로 이러한 부분을 이윤화하는 데 열을 올리게 된다.

특히 이주자는 바로 빈민의 특정한 범주로서 부와 창조성을 보여준다. 이주자들이 지닌 부유함은 어떤 새로운 것에 대해 욕망하고, 사태를 있는 그대로 받아들이기를 거부하는 것이다. 대개의 이주자들이 폭력, 기아, 결핍이란 부정적 조건들에서 벗어나기 위한 욕구에 의해서 이동하지만, 또한 부, 평화, 자유를 향한 열망을 지니고 있다.

20세기를 통하여 빈민들의 운동은 고립분산성을 극복해왔다. 오늘날 빈민들의 투쟁은 더욱 일반적이고 생체정치적인 성격을 띨 뿐만 아니라 전 지구적 수준에서 제기되는 경향이 있다. 전 지구적 남부에서의 투쟁, 제1세계 속의 제3세계화라는 현상 속에서 서구에서의 실업자, 이민노동자의 투쟁이 전개되어 왔다. 이들은 "우리는 모두 빈민이다!" 라는 구호 아래, 빈곤의 공통적 조건에 대해 저항하면서 '보장된 소득'을 요구해 왔다Negri&Hardt, 2004: 129-136. 빈민은 어떤 점에서는 영원한 탈근대적 형상이다. 즉 횡단적이고, 어디에나 현존하고, 다르고, 이동적인 주체의 형상이다네그리·하트, 2001: 216-218.

### 4) 대중의 등장

#### (1) 새로운 주체로서 대중

네그리와 하트에 따르면 대중은 제국[6] 안에서 성장하는 살아 있는 대안이다. 전 지구화(세계화)는 두 얼굴을 지니고 있는데, 하나의 얼굴로서 제국은 통제 및 항상적 갈등의 새로운 기제들을 통해 질서를 유지하는 위계들 및 분할들의 네트워크를 전 지구적으로 확산시킨다. 다른 얼굴로서

---

6  네그리는 마이클 하트와 함께 현 세계의 지배구도를 '제국'이라는 틀로 분석한다. 국민국가들이 주요 단위였던 제국주의 시대와는 달리 현대 세계자본주의 질서는 국민국가들을 넘나들고 그 위에 군림하는 전 지구적 주권의 모습을 띠어가고 있다고 한다. 1부 참조.

대중은 협동과 협력의 새로운 순환들을 창조한다. 이 다른 얼굴이 바로 제국에 대항하는 대중이다.

마르크스주의자들은 한 국가 안의 노동자계급의 동질화 경향과 그에 따른 노동자계급의 통일을 통해 노동자계급을 조직화하고 더욱이 당을 매개로 국가권력을 장악한다는 새로운 사회건설에 대한 기획을 지녔고 이를 실험하기도 하였다(현실 사회주의). 그러나 지배국들에서도 68혁명 이후 노동자계급 내부의 분화와 더불어 계급구성이 단순화되기보다는 더욱 복잡해져 왔다. 게다가 새로운 사회운동과 욕망투쟁[7]들이 확산되어 왔다. 그래도 여전히 마르크스주의자

---

7 기존의 운동은 객관적 사회관계를 분석하고 객관적 이해에 입각한 투쟁을 생각한다. 노동자계급의 투쟁은 당연히 노조운동을 중심에 두고 나아간다. 그런데 가타리가 예로 들고 있는 것처럼 미국노동자계급의 노조운동은 흑인이나 아시아인, 파트타임노동자의 축을 이루는 학생 쪽에서 보았을 때에는 노조대표를 축으로 자기이해를 지키려는 폐쇄된 경향을 지니며, 다른 이해나 다른 소수자와의 관계에서는 파시스트적인 자세로 나올 수 있다고 한다. 권력의 생성 메커니즘 자체를 공격하고 역능에 기초한 구성을 생각하는 가타리는 여기서 이해라는 문제설정을 넘어서 개인이나 집단의 움직임에 붙어 다니는 욕망이라는 문제를 제기한다. 욕망투쟁은 기존의 이성적 판단과 이해의 관점에서 도외시되었던 문제들을 '물 밑에서 물 위로 드러나게' 하며, 결정적으로 그간 죽어지내던 '뜨거운' 주체들이 움직이도록 자극한다.

들은 노동자계급을 주체로 내세우며 국가권력 장악을 목표로 하고 있다. 국제적 노동자계급의 단결(만국의 노동자여 단결하라!)을 강조함에도 불구하고 일국사회주의의 경향이 잔존하고 있다. 따라서 전 지구화 상황에서도 제국이라는 상을 지니지 못하며 새로운 주체에 대한 상을 그려 나가지 못하고 있다.

한국의 경우에는 프티부르주아지의 분해 추세 속에서 노동자계급의 성장(양적 팽창)을 확인하는 계급구성에 대한 논의가 있었고서관모, 1984; 1985, 1980년대 운동은 바로 이러한 계급구성론에 입각하여 노동자계급의 단결을 통한 새로운 사회의 건설이란 구상 속에서 진행되었다. 그러나 1987년 노동자·농민 대투쟁을 계기로, 특히 1997년 IMF 위기 속에서 한국의 계급구성은 완전히 다른 방향으로 전개되어 왔다. 노동자계급 내부의 분화는 정규직과 비정규직이라는 형상으로 두드러졌고, 여성의 사회진출, 외국인노동자의 진입, 실업자의 양산, 그리고 다양한 차이에 입각한 노동자 각 범주 내부의 분화가 급속히 진행되었다. 이제 한국에서도 더 이상 노동자계급의 이해에 입각한 노동자통일, 그리고 당으로의 집중화를 통한 권력 장악이란 발상은 낡은 것이 되고 말았다. 이제 생산적 노동자[8]를 강조하고 그 선각자인 전위노동자(전위당)를 강조하는 전통적인 좌파의 틀에서, 즉 노동자계급이란 주체의 틀 속에서는 파악할 수 없는 다양한 욕망을 지닌 대중의 등장을 보고 있다.

## (2) 비물질 노동과 대중의 욕망

네그리는 푸코의 생체권력 개념과 들뢰즈의 통제(관리)사회 개념을 끌어들여 탈근대 시대의 생산 및 정치의 변화를 설명한다. 이와 함께 주체성의 변화로서 대중의 형상을 노동의 변화에서 찾으려고 하며 그 변화는 산업노동의 헤게모니에서 비물질 노동의 헤게모니로 향한다고 강조한다

Negri&Hardt, 2004: 108-115.

---

8 생산적 노동(productive labour): 생산적 노동자. 마르크스는 자본에게 잉여 가치를 생산해 주는 노동만을 생산적 노동이라고 규정하고 그 노동을 하는 노동자를 생산적 노동자로 규정했다고 하면서 네그리는 생산적 노동 개념을 확대한다. 자본과 직간접적으로 관련을 맺는 다양한 노동을 생산적 노동으로 생각하면서 직접적인 생산적 노동과 간접적인 생산적 노동을 구분하기도 한다. 사실은 생산적 노동과 비생산적 노동의 구분이 점차 모호해지고 있다는 것을 강조하는 것이다.

20세기의 마지막 수십 년 동안에 산업노동은 헤게모니적인 위치를 잃고 대신 비물질 노동이 등장하였다. 자동화와 정보화로 요약되는 산업생산의 변화 속에서 비물질 노동은 지식, 정보, 소통, 관계, 혹은 감정적 반응과 같은 비물질 생산물을 창조하는 노동이다. 비물질 노동은 두 가지 주요 형식으로 나누어 생각할 수 있다. 첫 번째, 문제해결, 상징적·분석적 과업, 언어적 표현과 같이 일차적으로 지적이거나 언어적인 노동이다. 이러한 종류의 비물질 노동은 아이디어, 상징, 코드, 텍스트, 언어적 형상, 이미지 등등 다양한 것을 생산한다. 두 번째 형식은 '정서적 노동'으로 편함, 행복, 만족, 흥분 혹은 느낌과 같은 정서를 생산하거나 조종하는 노동이다. 물론 현실에서는 이러한 형식들이 섞이고 겹친 모습으로 나타난다. 그리고 이러한 노동형식들은 산업 생산에서도 점차 주요한 것으로 등장한다.

비물질 노동이 지배적이게 되면서 대중의 사회적 구성과 기술적 구성이 변해간다. 현실에서 비물질 노동자는 전 지구적으로는 소수이지만, 비물질적 생산의 질과 성격은 다른 노동 형태와 전체 사회를 바꾸는 경향이 있다. 더욱이 비물질 노동은 엄밀히 경제적인 영역이라는 제한된 영역에서 벗어나 사회 전체의 일반적인 생산 및 재생산에 개입하는데, 이처럼 사회생활양식들을 창조하는 경향이 있다는 점에서 생체정치적이다. 여기에 포함된 생산은 주체성의 생산, 즉 사회에서 새로운 주체성들의 창조 및 재생산이다. 또한 비물질 노동은 소통, 협력, 정서에 기반한 사회적 네트워크 형식을 띠는 경향이 있다. 이러한 특징들은 대중이 노동의 측면에서 공통성을 만들어 나간다는 것을 의미한다 Negri&Hardt, 2004: 66-67.

### (3) 욕망의 분출과 주체성 생산

노동 형상의 다양화라는 측면에서 노동 범주로서의 대중의 등장을 설명하는 경우, 대중을 '노동자'의 형상으로 환원할 위험이 있다. 따라서 대중이 지니는 비노동의 영역을 소홀히 할 위험도 있다. 대중은 자본주의 생산 안에서는 만족할 수 없는 방식으로 자신들의 요구, 열정, 능력, 욕망을 증식시키고 확장하려고 한다 포르투나티, 1997: 19. 이미 서구에서 68혁명 이후 새롭게 등장한 욕망과 관련한 요구들과 주체성 생산을 둘러싼 요구들은 기존의 이해관계에 입각한 계급투쟁과는 다른 투쟁들을 제시하고 실천해 왔다가타리, 1998. 다시 말해서 특이성을 내세우는 대중의 욕망 분출을 보게 되었다. 한국의 경우에도 1987년 노동자·농민 대투쟁 이후, 특히 IMF 위기 이후 새롭게 등장한 소수자운동은 이러한 흐름을 잘 보여준다고 생각한다윤수종 외, 2005.

제국을 비롯한 자본세력(국가권력)들은 바로 대중의 욕망 분출과 주체성 생산을 둘러싼 요구에 대해 초코드화하는 방식을 취해 왔다. 일정한 틀에 가두거나 대중매체를 이용하여 특정한 흐름으로 관리해 나가거나 그래도 저항하면 절멸시키는 방식(미국에서 블랙팬더당을 절멸시킨 예를 볼 수 있다)으로 대응하였다.

이제 자본(제국)은 노동자들을 직접 통제할 뿐만 아니라 자신의 포획장치[9]에 걸려드는 주체성들을 생산하는 방식

---

9  포획장치(apparatus of capture): 들뢰즈와 가타리가 사용한 개념으로 지배 장치를 말하기도 한다. 사회의 다양한 선을 코드화하고 더욱이 하나의 선에 맞추어 정렬시켜 나가는(초코드화) 장치들을 포획장치라 하였다. 이 개념은 또한 지배 장치의 폭력의 측면(왕)만이 아니라 피지배자들을 마법사처럼 끌어당기는 측면을 포함하고 있다.

으로 작용한다 가타리, 2000: 230-252. 그리고 주체성 생산영역 자체가 자본의 이윤 획득의 주요한 대상이 되었다. 주체성 생산영역에서 생산의 특징은 내부적으로는 직접 통제가 불가능하여 외부적으로, 예를 들면 국가권력(그 무서운 핵국가!)이나 도덕을 통해 또는 이윤획득 논리나 자수성가 논리로 통제한다는 점이다.

물론 이러한 자본주의적 주체성 생산에 대항하는 대중의 다양한 주체성생산 투쟁이 나타난다.


### (4) 대중의 구체적 모습으로서 소수자

소수자 이야기가 최근 다양한 분야에서 많이 논의되고 있으나, 다수자들의 이야기를 하다가 마지막에 끼워 넣는 식이 대부분이다. 중심을 설정한 운동권에서도 소수자를 자신들의 운동이나 논의에 끌어들이거나 덧붙이려는 대상으로 삼고 있다. 표준적인 인물상을 다수자로 설정하면서 개별자들을 포획해 가려는 것이다. 소수노선의 관점에서 보자면 다수자는 없으며 특이한 개별자들만이 있을 뿐이다. 그렇다면 오히려 소수자를 먼저 이야기하면서 어떻게 다수자가 구성되는가에 대해서 말해야 할 것이다.

먼저 소수자를 이야기하면 흔히 수적으로 적은 집단이라고 생각한다. 하지만 여성은 남성보다 수적으로는 많지만 소수자라고 한다. 남아프리카에서 아파르트헤이트(인종차별정책)가 시행되던 시절, 인구의 90% 이상이 흑인이지만 10%도 되지 않는 백인이 다수자이고 흑인은 소수자였다. 그처럼 소수자 개념은 수의 많고 적음만이 아니라 권력관계에서 지배-종속 관계를 일정하게 포함하고 있다. 물론 소수자집단은 수적으로도 소수인 경우가 대부분이다.[10]

또한 소수자를 이야기하면 흔히 사회적 약자라는 개념을 떠올린다. 물론 대부분의 소수자는 현실에서 약자에 속

---

10 소수적(minor), 소수자: '소수적'이란 말은 '다수적(major)'이란 말과 반대인데, 단순히 수적으로 적고 많다는 개념이 아니다. 가령 곤충은 인간보다 수가 훨씬 많지만 이 세계에서 인간이 다수자(majority)라면 곤충은 소수자(minority)고, 여성이 남성보다 수가 적지 않지만 남성에 대해 여성은 소수자다. 즉 다수자 내지 다수성이란 척도로서 기능하며 그래서 척도의 권력을 장악하고 있는 것이고, 그것이 '표준적'인 것이 되는 것은 바로 그것 때문이다. 그런 점에서 '다수적'이란 '지배적' 내지 '주류적'이고, 언제나 권력이 함축되어 있는 어떤 것이다. 소수적인 것은 그 지배적인 것에서, 다수적인 것(권력)에서 벗어나는 것이다. 들뢰즈·가타리는 다수자적인(majority) 것과는 다르게 움직이는 소수자 되기(become-minoritary)를 강조한다.

하지만 약자라는 개념은 강자를 전제로 하고 도움의 대상으로 보는 경향을 만들어 낸다. 또한 주변인 개념도 중심을 설정하면서 여기에서 배제되거나 밀려난 사람들을 의미한다. 좀 더 적극적 규정을 위해서는 이러한 개념화에서 벗어나야 한다. 전통적인 약자인 여성, 장애인 등은 스스로 운동에 참여하면서 자신들을 변형시켜가고 있다. 즉, 약자로서 자신을 인식해 왔지만 이제 자신과 주위를 바꾸려는 능동적인 주체로 되어 가고 있는 것이다. 이러한 능동성을 강조하여 표준화되지 않으려는 사람들을 다수자와 대비되는 소수자 개념으로 포괄하고자 한다 윤수종 외, 2005: 13.

계급운동에 입각하여 여러 부문운동에서 제기되어 왔던 노동자, 농민, 빈민, 실업자 등의 주체들은 지배적 중심에서 벗어나 있지만 스스로 다른 중심을 만들어 갈 수 있다. 즉, 계급적 구분 위에서 지배-종속 관계를 담지한 주체들 가운데 종속적 지위에 있는 사람들을 소수자라고도 할 수 있다. 하지만, 이들은 대부분 이해관계 위에서 계급적 지위를 지니지만 표준화되지 않는 정체성에 근거한 집합성을 지니지는 않는다.

근대적인 인간상은 근대적 이성을 중심으로 사람들을 배치하려고 하였다. 표준화를 지향하고, 표준적인 인간을 준거로 설정하였던 것이다. 즉, 백인-남성-어른-본토박이-건강인-지성인-이성애자-표준어를 쓰는 사람을 근대적 인간으로, 다수자로 설정하였다. 이러한 표준적인 인간상 반대쪽에는 유색인-여성-어린이-이주민-환자-무지렁이-동성애자-사투리를 쓰는 사람이라는 소수자적 인간상이 있다. 이 구도에서 볼 때 소수자는 표준화를 거부하는 사람들이라고 규정할 수 있다윤수종 외, 2002: 11-13. 이는 소수자를 흔히 일탈자나 약자로, 다수자에게 인정받으려는 대상으로 보려는 규정에 비해 적극적인 규정이라 할 수 있겠다.

물론 과도한 규정이 아닌가 하고 문제제기하는 사람들이 있다. 또한 현실에서는 많은 소수자가 표준화되려고 한다. 소수자는 다수자에 맞추어 자신을 조련하면서 표준화, 다수화되려고 노력하기도 한다. 그리고 일부 소수자들은 다수화에 성공하기도 한다(국회의원이 되는 장애인).

그러나 소수자운동을 하는 사람들은 그것을 깨나간다.

소수자들이 아무리 표준화되려고 하지만 아주 일부를 제외하고는 대개 표준화될 수 없다. 오히려 소수자들은 표준화될 수 없다는 것을 깨닫게 되면서 소수자 정체성을 강조하게 된다. 더 이상 표준에 맞추어서 자신들을 강박하려 하지 않고 자신들의 준거(자기준거)에 맞추어 표준화의 방식을 거부하고 색다른 방식으로 살아가려고 한다.

다수자의 관점을 염두에 두면서 소수자에 대한 규정을 좀 더 구체적으로 검토해 보자. 예를 들어 도둑, 매춘부, 죄수, 동성애자, 장애인, 이주노동자, 넝마주이, 거지, 병역거부자 등등, 이들을 소수자라고 통칭한다. 한편으로 소수자들을 흔히 이상한 사람, 낙오한 사람, 병든 사람, 추잡한 사람 … (계속 무한히 나열할 수 있을 것이다) 등등으로 생각한다. 이러한 생각 속에는 '정상적'인 '표준적'인 인간상이 굳게 자리 잡고 있다.

다른 한편으로 소수자들의 삶과 관련해 보통 이들의 삶을 나의 삶이 아니라 그들의 삶으로 생각한다. 우리 모두는 언제, 어디서나 소수자가 될 수 있음에도 불구하고, 더욱이 현존하는 소수자들의 삶을 항상 음성적인 것으로, 쉬쉬

해야 할 것으로, 보호 대상으로 인식한다. 또한 소수자들의 의사와는 상관없이 도와주기만 하면 되는 것처럼 인식한다. 소수자들은 다른 사람들에게 도움을 요청하기도 하지만 자신이 도움을 필요로 할 때, 자신의 방식으로 도움받기를 원한다. 그리고 소수자들은 일방적으로 도움을 받기만 하는 것이 아니라 다른 사람을 도울 수도 있다.

오히려 다르게 말하자면 소수자는 우리 모두가 지닐 수 있는 특성 가운데 특정한 측면을 지닌 사람일 뿐이다. 또한 국가나 사회의 지배적 가치 기준과는 조금 다른 특성들을 지니고 있는 사람일 뿐이다. 우리 모두는 우리가 처한 맥락에 따라서 언제나 소수자가 될 수 있다. "나는 소수자가 아니다"라는 생각은 바로 자신이 지니고 있는 소수자적인 특성을 배제하는 것이며 소수자적인 특성을 드러내는 사람을 배제하는 것이다.

우리의 시대는 소수자들의 시대가 되고 있다. 사람들은 한편으로는 대중매체에 의해 획일화된 주체가 되도록 강요당하고 있지만 다른 한편으로는 각자 색다른 생각과 삶을 추구해 나가고 있다. 위로부터의 거대한 획일화의 강요에도 불구하고, 아래로부터 자기 안으로부터 표준화를 거부하는 사람들이 늘어나고 있는 것이다.

다수자는 어떤 표준을 정하고 그것을 중심으로 삼아 다른 사람들을 통제하려고 한다. 그 표준에서 벗어나는 또는 벗어나려는 경향을 지닌 사람들에게 그 표준을 따르도록 강요한다. 다수자는 그 표준을 따르는 사람들을 자신 쪽으로 끌어들이지만, 그 표준을 거부하는 사람들을 배제해 나간다. 결국 다수자의 상은 권력자의 상이며 국가나 사회의 지배적인 가치를 지닌 것으로 나타난다.

반면, 소수자란 앞서 말한 대로 표준화를 거부하는 사람이라고 할 수 있다. 소수자들은 국가권력으로부터 배제된다는 특징을 지닌다. 달리 말하자면 소수자들은 국가의 감시시선에 감지되지 않는 자신들만의 활동을 벌여 나간다. 자신들의 고유한 욕망을 표출하면서 주변으로 향하는 다양한 출구를 찾아 나선다. 일부 소수자들은 합법적인 공간을 확보하면서 국가장치를 이용하기도 하지만, 기본적으로 소수자들은 국가장치에 포획되기를 거부하는 특성을 보인다.

따라서 자신들의 최소한의 보호막으로 소수자들은 소수자 인권을 제기하게 된다. 그러나 소수자 인권은 국가에 의해 주어지는 것이 아니라 바로 소수자들의 운동을 통해서 확보된다. 소수자에 대한 사회적 편견을 깨는 것도 소수자 운동을 통해서 이루어질 수 있는 것이다.

이러한 소수자들은 앞서 네그리와 하트가 말하는 빈민에 속한다고 할 수 있다. 불분명하고 무정형적인 빈민 가운데 자신의 정체성(주체성)과 욕망을 두드러지게 드러내는 사람들이 소수자인 것이다. 이런 점에서 소수자야말로 대중의 구체적인 모습이라고 할 수 있다.


## 3. 사회운동의 방향

특이성을 지닌 대중은 비물질 노동의 헤게모니 아래에서 특이화과정을 통해 자신의 욕망을 분출하면서 동시에 점차 공통성을 만들어 나간다. 그러면 이러한 대중은 어떻게 공통적으로 (함께) 행동하는가? 대중은 어떻게 현재의 제국 권력 형식들에 항의하고 어떻게 대안을 제시해 나가는가? 투쟁형식의 변화를 정리해 보면서<sub>Negri&Hardt, 2004: 70-85</sub> 사회운동의 방향에 대해 생각해 보자.

## 1) 집중제의 단말마

식민권력에 대항한 모든 근현대 혁명투쟁은 무장대, 빨치산, 게릴라, 반도叛徒들을 인민의 군대로 형성해 나갔다. 좌파에게 시민전쟁이라는 혁명적 개념의 일차적 특성은 게릴라 무리에서 집중화된 군대구조로의 이행을 포함한다. 게릴라 무리에서 인민군대로의 이행은 농민적 경험에서 산업노동자의 경험으로의 이행과 일치한다. 분산된 게릴라 조직의 통일된 인민군대로의 변형은 두 가지 얼굴을 지닌다. 하나의 얼굴은 근대화라는 일반노선과 일치한다. 게릴라전쟁과 해방전쟁은 근대화의 구조적 동력으로 역할하였다. 그럼에도 다른 얼굴은 다양한 지역적 게릴라조직들과 반란적 주민 전체의 자율성이 극적으로 상실되는 것을 나타낸다. 어쨌든 근대 계급전쟁과 해방전쟁은 민주주의에 대한 열망을 지닌 비상한 주체성 생산을 가져왔다.

1960년대에 게릴라조직의 재등장은 인민군대의 집중화

된 모델에 대한 거부의 표현이라고 할 수 있다. 인민군대와는 달리 당시 게릴라조직 구조는 탈중심화와 상대적 자율성의 모델을 제공했다. 쿠바모델의 새로움은 게릴라의 전투적 경험의 일차성(우선성)을 긍정하고 게릴라세력을 하나의 정당에 종속시키는 것을 거부하는 것이었다. 그러나 게릴라 포코[11]는 배아 형태의 전위당이었다. 결국은 단일한 권위, 단일한 개인의 지배 아래 들어가게 되었다. 중국의 문화혁명도 외부세계에는 반권위주의와 급진적 민주주의의 이미지였으나, '모든 형태의 권위를 공격하라'는 마오의 요구는 오히려 그의 중심적 지위와 통제를 강화하는 것으로 귀결되었다. 이들 게릴라모델은 혁명조직이 더욱 민주적이고 독립적인 형태를 갖추어야 한다는 지속적인 열망을 나타내는 과도적 형식이라고 할 수 있다.

---

11 포코(foco): 게릴라 부대 무력의 거점 단위. 전통적인 좌파운동에서 조직상의 세포(cell)에 해당하는 것이다.

## 2) 네트워크투쟁(아우토노미아)의 발명

근대 혁명들과 저항운동의 계보를 돌아보면 인민 관념은 인민군대와 게릴라모델들에서 조직의 권위를 확립하고 폭력의 사용을 정당화하는 근본 역할을 수행해 왔다. 인민은 지배적인 국가권위를 대체하고 권력을 장악하려는 주권의 형식이었다.

1968년 이후 이러한 관념에 변화가 일어났다. 게릴라전쟁의 본성이 농촌에서 도시로, 열린 공간에서 폐쇄된 공간으로 전환되기 시작하였다. 1960년대 말, 1970년대로 들어서면서 게릴라투쟁은 거대 도시적인 형상이 되었다(중국, 쿠바모델에서는 농촌이 우선시되었다). 물론 이탈리아의 무장조직인 '붉은 여단'처럼 집중화된 군사적 모델로 후퇴하는 경우도 있었지만 탈중심화되고 다중심적인 도시운동들이 나타났다. 지배권력을 공격하기보다는 도시 자체를 변형시켜 나갔다. 1970년대 이탈리아의 자율(아우토노미아)운동이 두드러진 사례라고 할 수 있겠다 윤수종, 1996: 63-94.

전반적으로 투쟁의 공간이 도시공간들로 분명히 전환하는 것이 눈에 띄었다. 이 시기에 정보·소통·협동의 네트워크들이 새로운 게릴라운동을 정의하기 시작했다. 게릴라세력들은 쿠바모델에서는 하나의 군대로 변형되어 갔다. 반대로 네트워크조직은 소통의 네트워크와 요소들의 다원성에 기반하고 있어, 집중화되고 통일된 명령구조를 지닐 수 없다. 게릴라모델의 다중심적 형식이 네트워크 형식으로 진전한 것이다. 네트워크 형식에는 중심이 없고 서로 소통하는 노드들의 환원할 수 없는 다원성이 있을 뿐이다.

이러한 대중의 네트워크투쟁의 한 가지 두드러진 특징은 투쟁이 생체정치적 영토에서 일어난다는 점이다. 즉, 대중의 네트워크투쟁은 새로운 주체성과 새로운 생활형식을 직접 생산한다. 근대의 군대는 포드주의적 공장의 훈련(훈육)된 노동자처럼 명령을 따르는 훈련된 병사를 생산했다. 이것은 근대 게릴라 세력들에서 훈련된 주체의 생산과 매우 유사했다. 그러나 포스트 포드주의적 생산처럼 네트워크투쟁은 동일한 방식과 훈련에 의거하지 않는다. 창조성, 소통, 자기조직화된 협동이 일차적인 가치들이다. 이러한 새로운 종류의 힘은 적에 저항하고 공격하지만, 점차 그 저항과 공격의 초점은 내부를 향한다. 즉, 조직 자체 안에 새로운 주체성들과 색다른 생활형식들을 생산하는 데로 향한다.

20세기의 마지막 수십 년 동안 수많은 시민전쟁의 예들 가운데 거의 대다수가 여전히 낡은 모델들, 낡은 근대적 게릴라모델이나 전통적인 집중화된 군사(군대)구조에 따라 조직되었다. 이들 운동 가운데 다수가 패배했을 때에야 비로소 운동의 방향은 네트워크 형식으로 변형되기 시작하였다.

전통적인 게릴라조직모델에서 네트워크 형식으로의 변화를 보여주는 운동으로는 팔레스타인인의 인티파다Intifada (돌들의 혁명)가 있다 마샬, 2001. 남아프리카에서의 반인종차별 anti-Apartheid투쟁도 마찬가지로 이러한 변화를 보여주는데, 여기서는 두 가지 기본적인 조직형식(게릴라조직 형식과 네트워크 형식)이 훨씬 오랫동안 공존하였다. 사파티스타민족해방전선EZLN은 네트워크 형식으로의 변화를 가장 분명하게 보여주는 사례이다 클리버, 1998. 인티파다와 사파티스타는 명령 중심이 없고 모든 참여요소(분자)의 최대의 자율성을 지닌 분산된 네트워크 구조로 향한다. 그들의 중심은 오히려 지배에 대한 그들의 저항, 빈곤에 대항한 그들의 저항 그 자체이다. 즉, 생체정치적 공통성들을 민주적으로 조직하기 위한 그들의 투쟁이며, 중심을 만들지 않고 색다른 생활형식들을 만들어 낸다. 그에 반해 알카에다나 콜롬비아 마약조직들은 네트워크 형식을 취하지만 상당히 집중화된 조직들이다 아퀼라·론펠트, 2005. 즉 네트워크 형식을 지닌다고 해도 밀수조직에서 주로 발견되는 사슬 네트워크 형식이나 카르텔에서 주로 발견되는 허브(스타) 네트워크가 아니라, 모든 구성원이 다른 모든 구성원과 서로 연결되어 있고 소통할 수 있는 전 채널full-matrix 네트워크 형식이 민주적 내용을 담보해 낼 수 있는 것이다.

이상의 네트워크운동의 점 형태가 점거운동을 축으로 한 자율운동일 것이다 윤수종, 2013. (이에 대해서는 3부를 보라.)

네트워크운동의 최고 발전된 모습은 대안세계화운동에서 나타난다 Negri&Hardt, 2004: 215-218. 대안세계화운동의 가장 두드러진 특징은 서로 다르고 심지어 적대적인 이해를 지닌 집단들이 함께 행동하게 된다는 것이다. 환경주의자들이 노조주의자들과, 아나키스트들이 교회집단들과, 게이와 레즈비언들이 감옥–산업복합체에 항거하는 사람들과 함께 행동한다. 각 집단들은 어떤 단일한 권위 아래 통합되지 않고 오히려 서로 네트워크 속에서 관계한다. 사회포럼, 친밀집단, 색다른 민주적 의사결정형식이 운동의 토대이며, 그들이 공통으로 갖고 있는 것에 근거해서 함께 행동하게 된다. 각자의 자율성과 차이의 충분한 표현은 여기서 모두를 강력하게 접합시키는 것으로 작동한다.

네그리와 하트는 이러한 대중운동의 성격을 특징짓는 것으로 무리(떼)지성swarm intelligence모델을 제기하고 있다. 벌떼나 개미떼의 세계에서 무리들의 움직임처럼, 이 모델에서는 수많은 독립된 세력(힘)들이 특수한 지점에서, 모든 방향에서 공격하고 그러고 나서 배경(환경) 속으로 사라져 간다. 네트워크공격은 마치 무리/떼의 움직임과 같다Negri&Hardt, 2004: 91고 한다. 이러한 조직모델에 입각해서 움직였다고 할수 있는 것으로는 대인지뢰금지운동이나 1994년 러시아에 대한 체첸의 분리독립(자치)운동을 지적할 수 있다.

### 3) 욕망투쟁과 주체성생산투쟁

20세기 마지막 수십 년 동안, 특히 미국에서 '정체성 정치'라는 이름 아래 분류되는 수많은 운동이 등장하였다. 이러한 투쟁들과 관련해서 가타리는 기존의 이해투쟁에 입각한 계급투쟁과는 달리 욕망에 입각한 분자적[12] 투쟁(분자혁명)으로 이해하려고 하였다가타리, 1998. 페미니스트투쟁, 게이와 레즈비언투쟁, 인종에 기반한 투쟁, 더욱이 주체성 생산을 둘러싸고 일어나는 다양한 투쟁을 생각할 수 있다.

---

12 분자적(molecular): 들뢰즈와 가타리의 욕망분석과 사회분석에서는 몰(mole)적/분자적이라는 개념쌍을 사용한다. 그러나 이 개념쌍은 변증법적인 것이라기보다는 움직임의 방향과 방식을 지칭하는 것이다. '몰(적)'이라는 것은 어떤 하나의 모델이나 특정 대상을 중심으로 모든 것을 집중해가거나 모아가는 것을 말하며 자본이 모든 움직임을 이윤메커니즘에 맞추어 초코드화하는 것을 몰적이라 할 수 있을 것이다. 운동에 있어서는 모든 움직임을 노동운동이라는 단일 전선에 편제하여 다른 흐름을 통제하는 것을 말하기도 한다. 물론 몰적인 방향을 무조건 나쁜 것으로 생각하는 것이 아니다. 단지 몰적인 방향은 생성을 가져오는 것은 아니며 기존에 생성된 것을 특정하게 코드화할 뿐인 것이다. 이에 반해 '분자적'이라는 개념은 미세한 흐름을 통해 다른 것으로 되는 움직임(생성)을 지칭하는 것이다. 그러나 이러한 미세한 흐름은 반드시 작은 제도나 장치를 통해서만 이루어지는 것은 아니며 사회 전반적인 분자적 움직임도 가능하다. 따라서 미시구조에만 집착하는 것이 아니라 다양한 크기의 구조 및 제도 속에서 흐르는 미시적 흐름을 중시한다. 이러한 개념을 제시하면서 의도하는 것은 욕망의 흐름을 파악하려는 것이다.

욕망투쟁은 기존의 이해대립에 입각하여 분명한 선을 긋고 적대적 전선을 만들어서 싸우는 운동과는 달리, 다양한 차이가 차별화되는 메커니즘에 대항하여 고유한 정체성을 강조하면서 새로운 자유의 공간들을 만들어 가려는 양상으로 나타난다. 그렇기 때문에 당연히 정체성을 확인하면서 다르게 되기를 시도하고 그 과정에서 자본주의적 주체성과는 다른 특이한 주체성을 생산해 나가게 된다.

그래서 가시적으로 드러난 각종 다양한 욕망투쟁(페미니스트투쟁, LGBT[13]운동, 인종투쟁, 종교투쟁, 생태투쟁 등)의 배후에는 주체성 생산을 둘러싼 투쟁이 널리 이루어지고 있다.

주체성 생산을 둘러싼 긴장은, 공장(이나 회사)에서처럼 자본과 노동의 직접적 대결로서가 아니라 많은 경우에 그 주체들이 형성되는 공간인 각 설비équipement(제도) 안에서 위계제 내부의 갈등으로 나타나며, 그 갈등이 심각해지면 각 설비 안에 있는 다양한 주체가 그 설비의 장(대표)이나 국가와 충돌하는 양상을 띤다윤수종, 2000: 62-64.

---

13 레즈비언, 게이, 바이섹슈얼, 트랜스젠더의 약자.

이러한 주체성 생산 영역에서의 투쟁들에서 나타나는 특징은 개인의 특이성이 강조되고 개인적 활동이 곧바로 매개 없이 집단적 활동으로 전환할 수 있다는 점이다. 특히 새로운 소통수단(컴퓨터 네트워크)을 매개로 쉽게 결집되어 저항운동의 형태로 드러난다. 그러나 권력에 압력을 가하는 성격에 머무는 것이 아니라 전혀 다른 주체성을 만들어 낼 수 있는 (특이화, 되기) 가능성을 얼마나 가지고 있느냐 하는 것이 중요하다윤수종, 1998: 152-163.

우리나라에서 최근 주목받고 있는 다양한 소수자운동도 바로 이와 맥을 같이한다고 할 수 있겠다. 더 나아가 자율운동이나 대안운동들, 보이지 않는 운동(생태투쟁)들로 포함해야 할 것이다윤수종, 2004b: 32-55.

당, 인민의 군대, 게릴라세력 모두 네트워크투쟁의 관점에서는 파산한 것처럼 보인다. 이러한 조직들은 통일성을 강요하고 소수자들의 차이(특이성)들을 부정하고 그 차이들을 다른 사람(다수자)들의 이해에 종속시키려는 경향을 지니기 때문이다. 자율성을 유지하고 차이를 긍정하는 민주적인 정치적 결집형식이 없으면 소수자들은 분리를 주장한다. 민주적 조직과 독립에 대한 강조는 또한 운동들의 내부 구조들에서 생겨난다.

대중의 등장과 사회운동의 변화를 염두에 둘 때 훨씬 더 자율적이고 네트워크화된 조직이 필요하게 되었다. 그리고 사회운동의 흐름 속에서 대중의 욕망이 분출되어 나왔다. 이러한 변화에 비추어 볼 때, 역사적 마르크스주의에서 실험되었던 것 이상의 다양한 평의회, 코뮌이 실험되어야 할 것이다Shepard&Hayduk ed., 2002. 또한 노동운동은 비물질 노동의 성격을 지니게 되는 다양한 노동형식을 포괄할 수 있는 방향으로 나아가야 할 것이다. 그런 과정에서 다른 부문 운동뿐만 아니라 다양한 욕망투쟁, 소수자운동과 접속될 수 있을 것이다. 그리고 각 실험들의 특이성과 자율성이 보장되면서 횡단성이 추구되어야 할 것이며, 각 실험들은 욕망의 흐름을 탐색해 나가야 할 것이다. 그러한 욕망투쟁들의 축적 위에서라야만 거대한 변화를 가져올 수 있을 것이기 때문이다. 이제는 계급 대 계급의 단일한 대결 속에서 권력을 장악하는 방식이 아니라, 영원한 개량을 향해 나아가는 다차원적이고 연속적이며 우라늄을 농축하듯 하는 영구혁명이 있을 뿐이다.

### 4) 사회운동의 방향

국제 테러와 국내 테러를 통해 미국은 제국의 작동에 매개들을 통해서가 아니라 직접적으로 지배하려고 한다. 이것은 동시에 대중의 직접적인 공격(반격)을 가져온다. 대중은 횡단적으로 연결되어 있고 어느 곳에서든 솟아오를 공격으로 그물망처럼 엮인 (제국과의) 적대전선을 가시화시킬 것이다. 특히 대중이 생성을 가져올 때, 흑인운동에서처럼 대안적인 삶의 형식들을 만들어 낼 때, 제국은 그것을 포획하지 않으면 지배할 수 없다(위기에 빠진다). 노동의 움직임에 대처하는 자본의 재구조화와 유사하다. 대중이 제국의 관리방식 안에서 새로운 금을 긋고 다르게 움직이는 방식을 만들어 낼 때, 제국의 위계제(지배)는 위기에 처한다.

그러나 대중은 제국의 지배방식과는 다르게 자기구성을 해 나가야 한다. 3부에서 제시하는 다양한 운동을 통해서 대중은 제국 권력이 강요하는 삶과는 다른 삶의 방식들을 개척해 간다.

푸코의 권력의 미시물리학은 권력 장악 테제를 확실히 부적합하다고 판정해 주었고 미시정치의 중요성을 강조하였다. 그리고 그러한 물리학 위에서 권력보다는 저항을, 자본보다는 노동을 강조하였던 네그리와 가타리는 미시정치와 거시정치의 결합을 생각한다가타리, 1998. 권력의 미시적 작동을 파괴하고 욕망의 미시적·분자적 작동을 넓혀감으로써 권력을 점차적으로 해체해 가는 과정, 대중의 구성권력을 만들어 가는 과정이 필요할 것이다. 권력 장악은 권력해체 과정의 부산물일 뿐이지 해결책이 아니다. 더욱이 국민국가 권력을 넘어선 제국의 권력은 '장악할 수' 없는 형태로 되어 있다(네트워크 권력). 영원한 개량(분자혁명)을 통해 권력 해체를 가져오는 지난한 과정을 추구하는 대중의 자기구성 과정이 필요할 것이다.

주체와 관련하여 대중이라고 할 때 이는 대표화될 수 있는 사회 구성원을 말하는 것은 아니다. 스스로 색다른 것을 만들어 낼 수 있는 힘을 지닌 사람들 및 집단을 말하는 것이다. 예를 들어 다른 사람들 및 집단들이 만들어 내는 창의성을 포획하기만 하는 국가장치나 권력집단들은 대중에 속한다고 할 수 없을 것이다. 네그리의 논의와 『제국』을 전후로 하여 쓴 다른 글들을 보면 '가난한 자(빈민)'에 대한 얘기가 자주 등장한다Negri, 2003. 대중의 상을 새롭게 정의해 나가면서 '자기 노동에 기초한 가난한 자'에 착목하려고 한다. 근대시기에 가난은 착취를 의미했지만 탈근대 시대에 가난은 공통(적인 것)을 만들어 나가는 것이라고 정의한다. 이쯤 되면 마르크스주의의 노동자계급 개념과는 상당히 달라진다. 객관적 지위에 따른 계급 개념보다는 공통성을 만들어 가려는 집합체로 전환되는 것이다. 또한 실천 주체들을 한정하거나 경계 지우려는 것이 아니라 기존 제도나 체계의 경계나 한계를 돌파해 나가는 측면(내부의 주변성, 외적으로는 노마드)을 강조하게 된다. 여기서 탈주와 생성 얘기가 나올 수 있을 것이다.

더욱 넓어져 가는 제국의 지배체제에 대항하여 자율적 주체를 만들어 가야 하지 않겠는가? 그것은 자율적 주체들의 코뮌들을 만들어 가는 과정과 함께한다. 대중은 다양한 운동을 통해서 기존의 제도화된 틀을 넘어서서 제국 권력과 대결해 나가며 제국을 압박함으로써 자신들의 자유의 공간을 확장해 간다. 즉, 다양한 욕망을 지닌 이질적인 집합체인 대중은 다양한 운동을 통해서 자신들의 자유의 공간(코뮌)을 만들고 확장해 나간다고 할 수 있겠다. 제국시대의 사회운동이야말로 이러한 방향으로 나아가야 하지 않을까?

# 3부
## 공통의 부 – 제국시대의 대중운동

　네그리와 하트는 『공통의 부Commonwealth』에서 자본주의 안에서 발전해 온 공통적인 것을 대중의 민주주의에 의해서 공통의 부로 만들어 가자고 제안한다. 주체적인 측면에서는 소유와 주권에 기반해 있는 정체성을 넘어서 특이성을 생산하고 교차시키자고 주장한다. 그러나 이 책에서 네그리와 하트는 『제국』과 『대중』에서 이야기한 바를 다시 반복하며 푸코와 들뢰즈·가타리의 논의를 빌려 주장하고 있다. 실은 공통의 부는 대중의 실천에 의해서 다양한 영역에서 공통적인 것을 만들어 나가는 과정(운동)에서 축적될 것으로 생각된다. 그래서 여기서는 네그리와 하트의 논의를 반복하기보다는 공통의 부를 확장해 나갈 수 있는 다양한 운동에 대해서 '제국시대의 대중운동'이라는 구도 속에서 생각해 보고자 한다. 물론 이러한 운동들은 현재 진행되고 있다.

먼저 제국시대의 대중운동으로 새롭게 등장한 것이 대안세계화운동이다. 대안세계화(반세계화)운동과 관련하여 세계화를 어떻게 볼 것인가에 대해 의견이 분분하다.

네그리와 하트는 들뢰즈와 가타리가 세계화를 더욱 촉진시켜야 한다고 하는 말을 인용하였다. 이를 두고 반세계화투쟁은 반동적인 것인가 하는 문제제기가 나온다. 네그리와 하트의 주장은 세계화, 전 지구화의 경향을 인정하고 그것을 되돌리기보다는 촉진하는 편이 낫다는 것이다. 이것을 곧바로 세계화 찬양이라고 말하는 것은 언어도단이다. 네그리와 하트는 세계화를 무조건 반대하지 않는다. 그래서 어떤 사람들은 네그리와 하트가 친세계화를 주장한다고 오해하기도 한다. 물론 네그리와 하트는 들뢰즈와 가타리의 주장과 마찬가지로 세계화를 가속시킬 것을 주장한다. 그러나 이것은 초국적 자본 주도의 세계화에 대한 대항세계화, 제국의 세계화에 대항하는 대중운동의 세계화를 염두에 둔 주장이다. 즉 세계화라는 경향 자체에 반대하는 것이 아니라 색다른 세계화, 대안적 세계화를 주장하는 것이다. 흔히 반세계화 시위를 바라볼 때에도, 시위대들이 단순히 세계화에 반대한다는 의미로 해석하지는 않는다. 오히려 세계의 피착취자들과 운동세력들의 네트워크를 만들어 갈 것을 주장하는 것이라고 보는 것이다. 이러한 의미에서 반세계화운동이라는 개념보다는 대안세계화운동이라는 개념을 쓰고자 한다.

그리고 제국 논쟁에서, 자본주의가 봉건제보다 낫고 제국화가 제국주의화보다 낫다는 얘기도 마찬가지다. 이것을 두고 제국을 찬양한다고 하는 것 역시 언어도단이다. 우리가 일제 식민지시대를 자본주의 사회로 규정하려고 하였을 때 곧바로 친일분자라고 얘기하는 것과 다를 바 없다. 봉건제보다 자본주의는 좋은 것인데 제국주의가 자본주의를 가져왔다고 하면 식민지 지배를 찬양하는 것 아니냐 하는 얘기다. 자본주의로 규정하는 속에서 노동자 주체의 중심성(헤게모니)을 파악해 내려던 문제의식은 사라져 버리고 만다. 지배체제의 성격을 규정할 때에는 그 체제의 전복세력의 성격을 파악하려는 것이 마르크스주의적 분석 태도가 아닌가?

마르크스주의적 분석 태도에서 볼 때, 세계화는 자본의 세계화만을 말하는 것이 아니라 노동의 세계화를 포함한다. 제국시대에 초국적 자본을 비롯한 자본이 국경을 넘나드는 것은 노동자들의 이동과 난민 문제와 함께 가는 것이다. 다시 말하면 제국의 기반을 이루고 있는 것은 바로 대중의 활발한 움직임이다.

제국 권력은 훈육메커니즘, 포획메커니즘을 통해서 대중의 활동을 자신의 이윤 추구에 맞추어 가려고 한다. 대중은 이러한 초코드화하는 제국 권력에 맞서서 다양한 방식으로 투쟁해 나간다.

이러한 구도에서 여기서는 제국시대의 대중운동을 대안세계화운동, 자율운동, 소수자운동과 대안운동, 보이지 않는 운동 등으로 나누어서 살펴보고자 한다.

## 1. 대안세계화운동

대안세계화운동은 신자유주의적 세계화 공세에 반대하는 전 지구적 사회운동·민중운동을 가리킨다. 이 운동은 초국적 독점자본과 제국주의국가(G8과 EU), 이들의 이해를 대변하는 국제통화기금, 세계은행, 세계무역기구 등에 대한 투쟁만이 새로운 대안을 향한 첫걸음이라는 인식의 확산에 기반한 것이다원영수, 2003: 12. 시애틀 전투(1999년 11월)를 계기로 폭발한 대안세계화운동은 세계화의 주도세력 및 국제기구에 대한 포위·타격 투쟁의 흐름과, 신자유주의적 세계화의 대안에 대한 토론과 논쟁의 장으로서 세계사회포럼의 흐름이라는 양 축을 중심으로 전개되었다. 물론 9.11을 계기로 반전운동과 결합하여 전개되기도 하였다. 대안세계화운동은 그 전개 과정에서 '아래로부터의 세계화', '저항의 세계화'를 보여주었다. 또한 세계사회포럼의 활동에서 보이듯이 세계사회운동 네트워크를 출범시켰다. 그리고 세계사회포럼은 내적인 조직원리로서 탈중심화된 방식으로 상호 연결시키는 다원적이고 비종파적, 비정부적, 비정파적 구조를 지닌 조직과 운동을 지향하였다이종회, 2003: 69.
이러한 대안세계화운동의 활성화 속에서 새로운 국제주의
에 대한 논의가 제기되었다. 국민국가 단위들의 결합관계
로서 국제주의(이에 대한 사회운동의 방향은 제국주의에 대항하는 프
롤레타리아 국제주의였다)를 넘어설 것을 요구한다고 볼 수 있
을 것이다.

1990년대 중반 이후 신자유주의[1] 공세에 대한 노동자계
급의 투쟁은, 노동자들의 불만과 요구를 제도화된 신자유
주의 지배구조 내지는 신자유주의적 지배연합 속에 참여하
고 있는 정당과 노조 등을 통해 대변할 수 있는 길이 막힘

---

1 신자유주의(Neoliberalism): 국가권력의 시장개입을 비판하고 시장의 기능과
민간의 자유로운 활동을 중시하는 이론으로, 1970년대부터 케인스 이론을 도
입한 수정자본주의의 실패를 지적하고 경제적 자유방임주의를 주장하면서 본
격적으로 대두되었다. 신자유주의는 자유시장과 규제완화, 재산권을 중시한
다. 신자유주의자들은 자유무역과 국제적 분업이라는 말로 시장개방을 주장
하며, 이는 세계무역기구(WTO)나 우루과이라운드 같은 다자간 협상을 통한
시장개방의 압력으로 나타나기도 한다. 신자유주의의 도입에 따라 노동시장
의 유연화가 진행되었고, 정부가 관장하거나 보조해오던 영역들이 민간에 이
전되었다. 경쟁시장의 효율성 및 국가 경쟁력을 강화하는 방안으로서 각국 정
부들이 채택해 나갔지만, 불황과 실업, 그로 인한 빈부격차 확대, 시장개방 압
력으로 인한 선진국과 후진국 간의 갈등을 가져왔다. 그로 인해 신자유주의는
마르크스주의자들의 주요 비판 표적이 되어 왔다.

에 따라 대체로 그러한 제도화된 틀을 깨고 나서는 '직접적인 대중투쟁'의 형태로 전개되었다. 이로 인해 투쟁은 대체로 사민주의정당과 노조상층부의 통제를 넘어서 나아갔고, 노조상층부가 기층노동자들의 조직으로부터의 이탈을 방지하기 위해 마지못해서라도 투쟁에 나서지 않으면 안 되는 조건을 만들었다 김세균, 2003: 160-168.

더욱이 반전운동의 전개 과정에서 9.11 직후 출범한 영국의 '전쟁저지연합'은 정치적 좌파, 평화운동, 노조운동, 무슬림 단체 등 광범하고 다양한 세력을 결집시켰다. 그 조직은 "인종의 벽을 뛰어넘어 다양한 사람을 끌어들였고, 그 덕분에 각 세력은 전통적 지지기반 외에 더 광범한 사람들과 접촉하기가 쉬워졌다. 한 번에 수십만 또는 수백만 명이 참가한 … 런던·로마·바르셀로나 시위에는 노조원이 사상 처음 무슬림과 함께 행진했다. 또한 은퇴한 연금생활자, 중고등학생, 미래가 불투명한 중간계급, 흑인, 보통의 여성, 동성애자 등과 어깨를 나란히 하고 도심지를 행진했다"

최일붕·김하영, 2003: 122.

대안세계화운동의 전개과정은 바로 대안적인 세계화의

그림을 보여준다고 할 수 있겠다. 대안세계화운동은 주체의 측면에서 본다면 요구강령으로서 네그리와 하트가 주장한 전 지구적 시민권을 제기한다고 할 수 있겠다.

이러한 그림과 관련하여 지방화, 지역운동, 민족(국민)운동 등에 대해서도 그 운동을 무조건 잘못된 것이라고, 무조건 반동적이라고 생각해서는 안 될 것이다. 그 지방, 지역, 민족(국민)에 고정되는, 폐쇄되는, 고립화되는 방향의 운동을 문제 삼아야 하지 않을까? 지역운동이 자신의 지역을 특화하지만 세계화의 흐름 속에서 자신의 운동을 위치 짓는 것이라면 문제가 달라진다.

또한 세계적으로 다양한 운동이 여기저기서 터져 나오고 있는데, 각 운동의 공통된 특성은 제국의 훈육메커니즘을 거부하는 것이다. 그리고 오히려 매개 없이 직접 제국에 대항한다. 물론 코민테른 시절처럼 단일한 이념과 조직의 틀과 명령 속에서 이루어지는 것은 아니다. 이 점에서 갈등이 생긴다. 레닌주의를 결코 벗어나려 하지 않는 사람들(예를 들어 알튀세르)은 이데올로기의 문제를 버리지 않는다. 운동에서 이데올로기의 문제는 이념의 문제이고 조직의 중심성 문제가 된다. 여기서 문제는 '하나의' 이데올로기를 대표적 이데올로기로 할 것인가 하는 문제이다.

대안세계화운동에서는 하나의 헤게모니적인 이데올로기(이념)를 상정하지 않는다. 일단 다양한 이데올로기의 공존을 인정한다. 물론 운동이 이데올로기를 통해서만 가능하다고 생각하는 것은 아니다. 왜 스피노자, 마키아벨리 등을 끌어들이고, 욕망이나 정서에 대해서 말하는가? 이데올로기에 사로잡힌 운동에서 벗어나려는 몸부림으로 보인다. 네그리와 하트가 운동에 소통이 부족하다고 할 때 알튀세르주의자들(지젝도)은 레닌주의로 다시 돌아가는 것이 아니냐고 한다. 새로운 횡단주의적 윤리 패러다임을 만들어낼 것을 제기하는 것이지 다시 이데올로기로 돌아가자는 것은 아니라고 생각된다.

10여 년간 활성화되었던 대안세계화운동이 2000년대 중반 이후 주춤하고 있다. 이를 두고 성급히 대안세계화운동은 끝났다고 지적하기도 한다. 그러나 대안세계화운동은 꼭 G8정상회담을 저지하고 세계의 다양한 운동집단이 모여서 대안포럼을 만드는 방식으로만 이루어지는 것이 아니다.

함께 모여서 하는 대안세계화운동이 끝나갈 무렵, 유럽에 이어서 중동과 북아프리카에서 민중들의 봉기가 이어져 왔다. 2008년 미국발 세계경제위기는 특히 북아프리카와 중동 민중들에게 직접적인 고통으로 연결되었다. 신자유주의적 구조조정과 이에 따른 긴축조치가 이어졌고, 이에 맞서는 대중운동이 솟아오르게 되었다. 중동의 신자유주의 정책제도화의 선두에 섰던 이집트에서 체제변혁운동, 노동운동, 청년운동의 결합은 봉기로 타올랐고 중동 전 지역으로 확산되었다. '아랍의 봄'이라고 불리는 이 민주화운동은 2011년 초에 들어 북아프리카인 튀니지에서 점화되어 리비아, 모로코, 알제리, 예멘, 바레인, 오만, 쿠웨이트, 이라크, 이란 등에서 대중적이며 강력한 시위형태로 번져 나오며 이집트에서 정점을 이루었다<sub>정은희, 2011</sub>. 유럽에서는 2010년, 2011년에 걸쳐 그리스에서 노동자 민중의 시위와 총파업이 일어났고, 스페인, 키프로스 등에서도 긴축조치에 맞선 노동자들의 투쟁이 있었다. 재정위기와 해당 정부의 공공서비스 부분 예산삭감에 항의하는 점거시위 등이 전개되었다. 이전의 대안세계화운동처럼 여러 나라의 운동세력들이 한곳에 결집해서 시위나 항의를 하고 대안을 모색하는 방식이 아니라, 각 나라별로 시위하고 봉기하는 방식으로 나타났다. 하지만 비슷한 시위나 봉기가 급속하게 번져나가면서 전 지구적 지각변동을 가져왔다.

이러한 움직임에 영향 받아 2011년 9월에는 미국에서 월스트리트 점거운동이 전개되었다신희영, 2011. 월스트리트를 점거해서라도 시민들의 저항감을 표출하자는 제안에서 나온 이 운동은 10월 5일 뉴욕에서 개최된 대규모 시위를 기점으로 보스턴, 시카고, 샌프란시스코 등 미국 주요 대도시로 번져나갔으며, 세계 여러 나라의 사회운동에 영향을 끼쳤다. 전 세계 900여 개 도시에서 유사한 시위가 발생하거나 검거운동이 진행되었다. 이 점거운동에서는 신자유주의적 전 지구화가 가져온 다양한 문제가 불거져 나왔다. 거대금융기업과 부자들에 대한 분노가 공감대를 형성하면서 99%에 해당하는 사람들이 1%에 대항하기 위해 집결하였다. 이후 이 운동에 참여했던 사람들은 다양한 모색을 해나갔다.

이제는 어느 한 나라 안에서, 한 지역 안에서, 한 소수자운동 안에서도 운동을 해 나가는 방향과 관련하여 대안세계화라는 그림을 그려 나간다. 대안운동들이 그 형태나 영역이 어떠하든 기본적으로 생태주의적인 문제의식을 지니고 나아가는 것처럼, 모든 대중운동은 대안세계화라는 방향을 고려해 나간다고 할 수 있겠다.

## 2. 자율운동

제국 아래에서 기존의 운동들은 여전히 지속되지만 방향을 바꾸어 간다.

기존의 노동자운동은 노동자의 임금을 올리는, 노동자의 힘을 증대시키는 운동이다. 자본의 지배 아래에서 산노동의 힘을 증대시키는 운동이며, 그런 점에서 자본과 노동의 관계를 변형시켜 가려는 운동이다. 즉, 자본의 착취에 대항하여 노동자계급의 힘을 키우려는 운동인 것이다. 또한 자본의 착취에 대항하여 노동자계급의 재생산을 보장하고 보호함으로써 노동자계급의 재생산 기반을 확보해 나가는 운동이다. 노동자계급의 재생산 기반 확보는 임금인상뿐만 아니라 모든 일하는 사람들의 기반 확보, 즉 공공영역의 확대를 통해서 이루어진다고 할 수 있다. 그러나 노조 중심의 노동자운동은 비보장된 노동자를 주변화하고 보장된 노동자를 고립시키는 방향으로 나아가면서 결국은 노동자계급 전체의 힘, 노동자계급의 재생산 기반을 약화시킬 위험이 있다.

그런 과정에서 노동자운동은 비보장된 노동자층들을 포괄하는 과제에 마주하게 된다. 자본이 직접 고용한 노동자층뿐만 아니라 다양한 노동자층의 재생산 기반을 확보해 나가는 과제가 현안으로 떠오르게 된다. 네그리식으로 표현하면 사회적 공장의 기반을 이루는 사회적 노동자의 기반을 확보해 나가는 것이 과제가 된다. 이런 흐름 속에서 서유럽에서는 1970년대에 공공지출투쟁과 생존임금(사회적 임금)투쟁이 제기되었다. 공공지출투쟁과 사회적 임금의 확보는 광범한 의미에서의 노동자계급의 재생산 기반을 확보해 나가는 것이며 이것은 공공영역을 확대해 나가는 것으로 나타난다. 제국시대에 노동자계급운동이 전진적으로 나아가려면 보장된 노동자의 이익에 집착하는 것에서, 즉 국가장치에 포섭되는 것에서 벗어나면서 노동자계급의 자율성을 높이는 방향으로 나아가야 할 것이다. 이러한 과정에서 노동자계급이 확보해 온 자치성으로서 공공영역은 자본권력에 대항하는 물질적 전제조건이 된다. 이와 관련하여 공공영역투쟁의 의미를 좀 더 살펴보자.

### 1) 공공영역투쟁: 자율운동의 물질적 전제조건

전통적인 마르크스주의에서는 국가를 장악함으로써 권력을 장악하고 부르주아지의 '물질적 토대'를 전체 인민을 위해 새롭게 변형해 나갈 것을 주창하였다. 여기서 중요한 논제로 떠오른 것이 사회화이다. 사회화·국유화 요구는 사유화에 대항하여 소유의 사회화를 지향하는 것이었다. 사회화 논의의 기본 골격은 독점자본 및 기간산업의 사회화(국유화) 및 노동자(민중) 통제 그리고 이를 실현할 수 있는 노동자계급의 권력장악(국가장악)으로 나아가야 한다는 것이다.

국가장악 테제에 대해 반대할지라도 사회화투쟁이 지닌 의미 자체는 긍정할 수 있을 것이다. 모든 것을 시장원리

에 맡기려는 신자유주의적 기획에 경종을 울리며, 기존의
공공영역(한국의 경우 흔히 공기업)이 지닌 부분적인 공적 성격
을 유지하려는 투쟁이기 때문이다. 동시에 기업의 경영성
논리에만 입각한 구조조정 정책에 대항하여 노동자들의
재생산 기반을 넓히려는 싸움이라고 할 수 있기 때문이다.
즉, 사회화투쟁은 해당 기업에만 관련되는 것이 아니라 전
체 노동자계급이 자본(제국)과의 대결구도에서 자신의 재
생산 기반을 확보해 나갈 수 있는 싸움의 의미를 지니기도
한다.

1970년대, 1980년대에 서구에서 전개되었던 공공지출투
쟁은 세금을 노동자계급을 위해 사용하도록 하려는 투쟁이
었다. 또한 더 나아가서는 노동자계급이 공공영역을 전유
하기 위한 투쟁이었다. 기존의 공공영역이 지닌 가장 큰 의
미는 노동자계급의 재생산 기반을 확보하며, 더 나아가 대
중의 재생산 기반을 안정화하는 것이라고 생각된다. 이러
한 의미에서 최근 전 세계적으로 신자유주의적 '개혁'에 의
해 공공영역이 사유화되고 있는 양상은, 서구에서는 68혁
명 이후 확보되었던 노동자계급과 대중의 재생산 기반에

대한 자본과 제국의 공격이며, 한국의 경우는 IMF를 계기
로 한 대중에 대한 자본과 제국의 공격이라고 할 수 있겠다

네그리·하트, 1997: 16-69.

세계시장 이데올로기 속에서 자본의 전 지구화를 향한
경향은 특히 국가를 매개로 한 공공영역을 축소시켜 왔
다. 일단 공적인 것the public(공기업)의 기초인 공통적인 것들
the commons(예를 들면 주민들의 에너지의 값싼 이용)이 사적인 사용
을 위해 몰수되고 아무도 손가락 하나 까딱할 수 없게 된
다. 공적인 것은 심지어 개념으로서도 해체되고 사유화된
다. 그렇게 되면 공통적인 것들을 만들어가는 대중의 참여
는 막히게 되고 공통적인 것에 기반한 공적인 것은 사적으
로 운용된다.

그러나 다른 한편으로 오늘날 우리는 노동하는 대중으로
서 더욱 급진적이고 심오한 공통성commonality에 참여하고 있
다.[2] 사실은 우리가 소통과 사회적 네트워크들, 상호작용
서비스들 그리고 공통 언어들로 구성된 생산 세계에 참여

---

2  공통적인 것의 구성에 대해서는 연구공간 L 엮음(난장, 2012) 참조.

하고 있다는 것이다. 우리의 경제적이고 사회적인 현실은 생산되고 소비되는 물질적 대상들에 의해 규정되기보다는 공동생산된 서비스들과 관계들에 의해 규정된다. 따라서 생산한다는 것은 점점 더 협동과 소통적 공통성들을 구성 하는 것을 의미한다네그리·하트, 2001: 394-396.

　여기서 국가장치(자본)의 포획에서 벗어나 자신들의 공통 성을 추구해 가는, 노동하는 대중을 떠올리게 된다. 더 나아 가 전 지구적 권력으로서 제국의 지배에서 벗어날 수 있는 자율적 공간을 구축해 가는 대중을 떠올리게 된다.

　대중은 스스로 자신들의 소통을 넓혀갈 수 있는 다양한 공간을 만들어 나간다. 기존의 공공영역을 넘어서는 새로 운 공공영역은 대중이 내재적인 상호작용 속에서 공통성을 만들어 가는 과정 위에서 나타날 것이다. 노동자들이 자본 과 싸움을 하면서 따낸 혹은 자신들이 독자적으로 만들어 낸 틀(노동조합일 수도 있다) 속에서 자신들의 소통의 장을 넓 혀갈 수 있을 것이며, 동성애자들이 국가와의 싸움에서 확 보한 가상공간상의 모임을 통해 자신들의 담론을 공공화할 수 있을 것이다.

하지만 기존의 공공영역이 국가에 의해 관리된다면, 그것은 대중의 자율적 힘(역능)을 억누르게 될 것이다. 그리고 대중은 자율적 공간의 창출 과정에서 국가와 충돌하게 될 것이다. 제국의 훈육장치로 변한 국가는 훈육을 거부하는 대중과 그들의 협동 장치인 새로운 자유의 공간을 압박하고 파괴하려고 할 것이다. 이 과정에서 자신들의 공간을 지키려는 대중의 저항에 부딪쳐 국가는 대중의 공간들을 제도화하는 방식으로 나아갈 것이다. 이러한 제도화의 선은 제국의 지배세력들에 의해 윤곽이 그려질 것이다.

이 지점에서 공공영역의 내용으로서 공통성을 얘기하고 그 공통성을 담지하는 대중을 그 주체로서 얘기하지 않을 수 없다. 노동자들을 포함한 대중이 현실에서 지니고 있는 투쟁획득물(예를 들어 복지제도)이 지닌 불가역성, 노동조직의 집단성, 생산적 주체성의 사회적 특징(소통 및 협동) 등은 공공영역의 내용을 이룬다네그리·하트, 1997: 239-252. 다시 말해 대중이 획득해 온 자치성이 공공영역의 내용이 되어야 한다. 물론 공공영역은 해방의 장을 만들기 위한 전제조건과 기반이 된다. 네그리와 하트가 제기하는 전 지구적 시민권, 사회적 임금권, 재전유권의 실현은 공공영역의 내실을 대중의 입장에서 채워 가려는 방식일 것이다.

국가에 포섭된 기존의 공공영역은 새로운 자유의 공간을 만들어 갈 수 있는 자율적 조직화의 수동적 전제조건일 뿐이다. 국가로부터의 자율적이고 새로운 공공영역(예를 들어 사회센터)의 창출은 자율적 조직화의 능동적 전제조건일 수 있으며, 나아가 국가를 압도하는 제국 권력에 대항하는 대중의 자율적 협동방식을 촉진시킨다. 그리고 대중이 획득해 온 자치성으로서의 공공영역은 자율적 조직화의 토대가 된다윤수종, 2002: 216-219. 이처럼 공공영역 위에서 집단적인 생산적 주체들을 구성하고 색다른 자유의 공간들(미시코뮌들)을 창출해 가는 것은 구성권력으로 나아가는 길이며, 이 구성권력의 과정이 바로 새로운 사회로 나아가는 길일 것이다.

## 2) 자율운동

자율운동이라고 할 때에 넓은 의미로는 관료제나 마르크스주의에서 말하는 민주집중제의 대표제화하는 방향과는 달리, 대중의 자율성[3]을 확장하는 방향의 운동이라고 할 수 있다. 그렇기 때문에 기존의 노동운동 안에서도 자율적인 노조운동이 있을 수 있고, 블랙팬더당의 생존 프로그램처럼 당조직 운동 안에서도 자율적인 운동이 있을 수 있다. 다시 말하면 사회운동에서 지도자와 대중이라는 두 축에서 대중의 자율성을 확장하고 지도자(혹은 대표)의 권위나 권력을 약화시키는 운동은 자율운동에 속한다고 할 수 있겠다. 이렇게 넓은 의미의 자율운동을 제기함으로써, 기존의 운동들이 대중의 자율성을 확장하는 방향으로 나아가도록 촉구하고자 한다.

자율운동의 흐름을 강조하다 보면, 관료제나 민주집중제

---

3 자율성(autonomy): 자율성 개념은 네그리를 위시한 자율주의자들에게 가장 중요한 개념이다. 이탈리아에서 '아우토노미아'는 1960년대 말 이후 노동자운동에서 나타난 '노동 거부'를 통해 공산주의적 전통(공산당)을 부정하고 부분적으로는 레닌주의와, 그리고 자본주의적 발전의 다른 형태일 뿐인 제3인터내셔널 사회주의와 대립하는 것이다. '아우토노미아'는 처음에는 자본주의발전으로부터 노동자계급의 분리 및 독립을 의미했다. 그리고 '생산적'인 노동자계급의 신성한 제도들(노동조합과 정당)과는 독립적인 프롤레타리아적 관심, 투쟁, 조직의 영역이라는 의미를 더 지니게 되었다. 더 나아가 '아우토노미아'는 점차 다면적인 잠재력으로 새로운 사회를 구성해 가는 주체의 특징을 의미하게 되었다.

방향의 운동에서는 제기하지 않거나 부차적으로 제기했던 주체들이 들어온다. 달리 말하면 그동안 대표화되지 않거나 가시화되지 않은 주체들이 들어오게 된다. 흔히 룸펜프롤레타리아트나 주변화된 사람들로 치부되던 주체들이 운동의 주체로 들어오는 것이다. 그래서 자율운동의 주체들은 대개 소수자적인 특성을 지니고 있다. 대표화되고 주류적이고 중심적이고 다수자적인 인물상에 대비되는 대표화되지 않고 비주류적이고 주변적이고 소수자적인 인물상이 주체로서 떠오른다. 이러한 주체들을 포괄하는 개념으로서 네그리와 하트가 제기한 개념이 바로 대중multitude일 것이다.

그러나 좁은 의미로 자율운동이라고 할 때에는 흔히 점거운동을 말한다. 물론 점거운동이라고 모두 자율운동이라고 할 수는 없을 것이다. 서구의 점거운동 사례들은 위계화와 집중된 조직화를 비판하고 수평화와 분산된 연결망을 강조하며 그것을 실현해 나가려고 한다. 점조직 형식의 연결망을 지니고 있지만 철저하게 위계화된 마약조직이 일정 지역을 점거하여 마약을 생산, 밀매하는 것을 자율운동이라고 하지는 않는다.

다시 말해서 자율운동은 대중의 힘(역능)과 권력의 관계를 대중의 입장에서 재정립해 가려는 시도이다. 대중의 힘을 확장하여 지배권력을 약화시켜 가려는 것이다.

자율주의자들은 "대표는 없다"라는 구호 아래 조직 형태를 생각하기 때문에 대표성 문제를 새롭게 제기하고 있다. 인간의 창조력, 잠재력을 최대한 확장할 수 있는 조직 형태 및 작동 원리들은 무엇일까 하는 것에 관심을 쏟는다. 다양한 집합체를 확장해 나가는 것을 출발점으로 삼으면서, 그것들이 결국은 거대한 사회적 지배장치로부터 벗어날 수 있도록 하는 방식들을 모색해 나가려는 것이다. 따라서 베버의 관료제 이념형이나 레닌의 민주집중제(전위당론)에 대한 철저한 비판의 성격을 지니며 대안적인 방향을 모색해 나간다.

서구에서 자율운동의 흐름은 68혁명에서 촉발되었다고 할 수 있다. 1970년대 자율운동이 고조되었던 이탈리아의 경우를 잠시 살펴보자윤수종, 1996: 63-94. 1968년 이후 이탈리아의 사회운동조직들은 여전히 집중화된 지도력(레닌식 민주집중제)에 활동을 맞추고 정치적 전위인 공장노동자들에 배타적으로 집중하였다. 이러한 흐름에 대해 1970년대 중반에 여성운동을 비롯한 소수자운동에서 반대의 목소리가 높아졌다. 이로 인해 기존의 방식으로 활동하던 조직들의 '운동의 위기'가 있었다. 붉은 여단은 은밀하고 엄격하게 위계화된 구조를 지니고 군사전략을 추구하였다(민주집중제의 강화 방향). 이에 반해 네그리는 '아우토노미아Autonomia 영역'의 형성에 참여하였다. '아우토노미아 영역'은 노동자운동을 당시 막 힘을 얻은 다른 운동들, 특히 여성운동과 연결시키는, 비위계적 조직 형태를 추구하는 독자적 집합체들의 연결망이었다.

이러한 흐름 위에서 나타난 자율운동은 자율성, 자주관리, 자기조직화에서 출발한다. 더욱이 이 자율성은 의식을 앞세운 자율성이 아니다. 노동거부[4]를 통해 다양한 집합적

---

4  노동거부(refusal of labour): 노동거부는 1960년대 이탈리아 노동자주의의 중심적인 주장 가운데 하나인데, 조직 원리로서뿐만 아니라 정치적 책략으로서도 기능하였다. 노동거부는 자본과 노동자계급 사이의 관계를 거절하려는 것이었으며 노동에 내재한 창조적 능력의 부정이 아니었다. 즉, 자본주의적 생산 관계를 부정하려는 의도를 담고 있지만, 반면에 노동자계급의 실제적 생산

주체성을 형성해 내면서 사회관계를 변형해 갈 수 있는 자율성을 의미한다. 그 위에 비노동의 영역에서, 자본주의적 생산관계가 지배하지 않는 영역에서 자본에 대립하는 모든 사회세력 및 노동자계급이 창조하는 다양한 가치생산 영역을 만들어 가는 자기가치증식으로 나아가고자 한다. 특히 여기서는 다양한 주변자, 소수자가 사회의 새로운 흐름을 만들어 낸다. 고정된 부의 축적이 아니라 자본의 재생산권력과는 분리된, 사회의 자율적 재생산의 힘(역능)을 규정하는 욕구, 즐거움 그리고 실천을 축적해 나가는 것이다. 그리고 이러한 움직임의 현실적인 모습은 기존의 관계에서 분리되어 독자적인 색다른 공간을 창출하는 방향으로 나아가고 있다.

남성들과 분리하여 여성적인 주체성을 정립하고 그 위에서 독자적인 공간으로서 여성센터를 만들어 가는 이탈리

---

력을 긍정하고 해방한다. 책략적 수준에서 노동 거부는 조직적인 파업, 조업 단축, 소동, 점거, 사보타지 등과 같이 자본에 반대하는 직접 행동의 형태를 띠거나, 결근, 약물 사용 또는 대량 이주 같이 자본주의적 생산 관계의 조건들을 거부하는 간접적인 행동 형태를 띨 수도 있다.

아 여성운동의 흐름은 자신들의 절대적 자유의 공간을 만들어 가는 과정으로 볼 수 있다윤수종, 2001. 더욱이 여성운동 안에서 레즈비언들은 남성과 여성의 차이뿐만 아니라 여성들 간의 차이를 강조하는 분리주의적 실천 속에서 다시 자신들의 고유한 공간을 만들어 간다. 물론 그 공간 안에서 자율성에 기초한 관계가 정립되고, 점차 다른 공간들과의 교류를 확대해 간다. 이러한 미시코뮌들은 처음에는 폐쇄적인 것처럼 나타나지만 활동을 하기 시작하면 오히려 그 미시코뮌을 둘러싸고 있는 공간들이나 조직들이 변화하게 된다.

이탈리아에는 68혁명 이전에 노동자의 독자성을 강조하는 노동자주의operaismo라는 운동 흐름이 있었다. 68혁명 당시에 학생들이 대학을 점거하면서 반권위주의와 자율성을 내세우며 투쟁에 나섰고, 학생들의 투쟁에 뒤이어 1969년 노동자들의 투쟁이 확산되면서 학생운동과 노동자운동이 결합해 나갔다. 이러한 결합으로 투쟁은 점차 공장에서 사회로 확산되어 갔다. 공장에서는 내부행진과 점거투쟁이 일어났고, 노조투쟁은 사회적 투쟁들과 결합해 나갔다. 공장점거의 움직임과 더불어 다양한 점거투쟁이 나타났다. 주택점거, 임차료파업, 자율축소운동, 자유라디오운동, 건강센터운동, 죄수운동 등은 인민의 직접적인 요구를 충족시키기 위한 것이었다.

이러한 운동에 기반하여 1970년대 중반 이후 사회센터운동과 여성센터운동이 나타나게 되었다. 사회센터운동은 청년들이 빈 건물을 점거하여 자신들이 원하는 다양한 활동을 벌여 나가는 공간전유운동이다. 이 운동은 1970년대 내내 불법적인 공간으로 남아 있었으며 1980년대 동안 이단적인 실험의 섬들로 존재했다. 여성센터운동도 여성주의자들이 빈 건물을 점거하거나 지방정부의 양해 아래 건물들을 접수하고 거기서 여성들을 위한 다양한 문화활동을 벌여 나갔다.

이러한 점거운동은 공장(생산 부문)과 그것을 둘러싼 사회(재생산 부문)에서 다양한 방식으로 반권위주의와 자율성을 실현해 가려는 움직임이라 할 수 있다. 다양한 집합체와 사회센터는 국가와 자본주의시장으로부터 독립적인 공간을 만들어 자주관리해 나가는 미시코뮌이었다. 더 나아가 여성센터운동은 여성적인 자유의 공간을 창조하여 그 속에서 여성 되기를 통해 기존의 남성적인 제도들을 변형시켜 가면서 사회의 지형도를 넓히는 것이었다. 더욱이 사회센터운동과 여성센터운동은 더 이상 집중화된 방식이 아니라 분산적인 방식을 통해 다양한 자유공간, 다양한 미시코뮌을 만들어 가는 방향을 제시한다.

이탈리아의 자율운동 가운데 눈에 띄는 것이 자유라디오운동이다. 다른 나라에서와는 달리 이탈리아에서는 68혁명이 학생운동과 노동운동이 결합하면서 1970년대 내내 자율운동으로 활성화되었다. 노동운동이 사회투쟁과 결합하고 청년학생들의 반문화운동이 활발히 전개되었으며, 다양한 점거운동과 분리주의적인 여성운동, 자율축소운동 등이 전개되면서 매체운동으로서 자유라디오운동이 전개되었다.

이탈리아에서 1976년부터 활성화된 자유라디오들은 1980년에 전국적으로 약 3천여 개였으며 그 가운데 사회주의적인 라디오들이 20% 정도 되었다. 자유라디오들은 라디오 매체의 변화뿐만 아니라 방송 자체에 대격변을 가져왔다. 그 가운데 가장 두드러진 사례로, 섬광처럼 나타나운동인자로서 활동한 '라디오 알리체'와 대중의 횡단적인 포럼을 만들어 현재까지도 방송하고 있는 '라디오 포폴라레'를 들 수 있다.

라디오 알리체는 볼로냐에서 1년 조금 넘게 방송하였으며 방송국 내부의 민주적 조직화를 시도하였다. 또한 표준화된 방송언어를 파괴하고 육체(욕망)의 소리를 내려고 하였다. 청취자집단을 조직하고 열린 방송을 하였으며 허위 정보를 통해 진실한 정보를 드러내는 방법도 사용하였다. 더욱이 77년 운동 과정에서는 경찰과 시위대의 동향을 생방송 전화로 방송하기도 하였다. 단순히 사건을 보도하는 것이 아니라 선전 선동하기까지 하면서 운동의 정보국으로서 활동하였던 것이다. 결국 라디오 알리체는 국가권력에 의해 강제 폐쇄되었다.

라디오 포폴라레는 1976년에 시작되어 현재까지도 방송하고 있으며, 대중의 포럼이 되고자 하였다. 다양한 후원자의 협동체에 의해 설립된 라디오 포폴라레는 전문 방송으로 자리 잡았음에도 불구하고 내부 민주주의를 유지해 가려고 하였다. 기존의 방송방식을 혁신하면서 다양한 실험을 하였고 단순한 사건보도를 넘어서 쟁점을 제기하고 청취자들이 논의를 전개하도록 하고 그것을 방송하기까지 하였다.

이 두 사례를 통해서 볼 때, 이탈리아 자유라디오운동은 자율성을 기반으로 하면서 대중의 다양한 표현양식을 확장해 나갔다고 볼 수 있다. 또한 소수자 주체를 포괄하는 방향으로 나아가면서 민주주의의 확장에 기여하였다. 자유라디오들은 1980년대에 들어서면서 상업화의 물결에 쓸려 들어갔지만, 일부 자유라디오들은 여전히 활동해 왔다. 이제 소통기술의 혁신과 더불어 새로운 매체운동(텔레스트리트 운동[5])이 등장하고 있다.

이탈리아에서 자율운동이 활성화되던 시기에 미국에서는 반전운동과 시민권운동이 활발히 전개되었고 뒤이어 다

---

5 텔레스트리트(Telestreet)운동: 이탈리아 미디어 운동으로 소출력 공동체 방송국을 세우고 운용하는 운동이다. 스트리트 텔레비전(street television)은 길거리에 세워진 텔레비전 방송국을 의미하는데, 자본의 집결체인 '방송국'이라는 물적 토대로부터의 이탈, 그리고 권력과 법의 테두리에 종속되지 않는 자유와 저항의 의미를 담보하는 '거리'의 미디어를 상징적으로 대변한다. 소규모 독립 공동체 미디어의 새로운 가능성이자 합법의 영역을 벗어난 해적 방송국으로서의 한계를 동시에 갖고 있으며, 그 수가 전국적으로 수백 곳에 이른다고 한다.

양한 소수자운동이 터져 나왔다. 특히 자율운동의 측면에서는 시민권운동의 통합주의적 흐름에 대립하면서 발전해 간 분리주의적 흐름을 강조할 수 있겠다. 킹 목사 방식의 통합주의적 시민권운동은 법률적 개선을 가져왔지만 실질적인 변화는 오히려 분리주의적인 흑인권력운동에 의해 이루어져 왔다. 특히 분리주의적인 다양한 실험을 했던 흑인권력운동의 대표적인 것으로서 블랙팬더당의 활동에 주목하게 된다. 더욱이 블랙팬더당의 활동을 무장저항이란 측면에만 맞추어 비방하는 것에 반대하면서, 주민들에게 봉사하는 활동을 통해서 실질적으로 제도를 바꾸어 나가려 했던 생존 프로그램에 주목할 필요가 있을 것이다.

블랙팬더당이 실시한 생존 프로그램은 다양했다. 먼저 음식 프로그램으로 어린이들을 위한 무료아침급식 프로그램과 무료음식 프로그램이 있었다. 교육 프로그램으로 대안학교로서 해방학교(사무엘 나피르 범공동체청년학교, 나중에 오클랜드 공동체학교로 개명)가 있었고, 그 외에도 주민들을 위한 공동체 학습센터, 공동체 포럼, 그리고 어린이들을 위한 어린이발달센터 등이 있었으며, 법률도움 및 교육 프로그램도 있었다. 건강 프로그램으로 무료건강진료소가 있었고 흑인에게 많이 나타나는 병인 겸상적혈구빈혈증 검사를 주도하여 실시했다. 보호 프로그램으로 경찰순찰과 노인안전 프로그램이 있었다. 그 외에도 다양한 생존 프로그램이 있었다.

블랙팬더당 자체가 지닌 당 활동에서도 대안적 성격(각 지부의 자율성과 주동성, 백인 및 소수인종과의 협력정책, 여성당원들의 활약, 주민의 자기결정 중시)을 찾아볼 수 있지만 무엇보다도 공동체 서비스로서의 생존 프로그램에서 대안적 성격을 분명하게 확인할 수 있다. 생존 프로그램들은 국가나 지방정부들이 나서지 않지만 공동체 성원들이 필요로 하고 욕망하는 것을 찾아내서 실천해 나갔다. 그렇게 해서 국가나 지방정부, 다른 조직들이 생존 프로그램들을 따라 배우고 실천하는 양상이 나타났다. 블랙팬더당이 실행했던 생존 프로그램은 관료화되고 상투화된 틀에 따라서 움직이는 기존 제도에 대항하여 인민대중의 창의성, 주도성, 자율성을 잘 보여주었다.

자율운동은 이탈리아에서 국가의 억압에 의해 주춤하고

있던 시기에 독일을 비롯한 중부 유럽(네덜란드, 덴마크 등을 포함하여)으로 확산되었다. 1980년대에 독일에서 등장한 자율주의자들인 아우토노멘Die Autonomen(자율파들)은 68운동의 세대(신좌파)들이 제도에 편입되어가는 상황에서 여전히 국가와 대립하고 자신들의 독자적인 공간과 삶의 방식을 만들어가려고 하였다.

독일에서 아우토노멘이 중심이 된 자율운동은 학생, 노동자, 주변화된 계층, 여성, 생태주의자 등 다양한 사람으로 구성되어 있었다. 이들은 독일 자본주의 사회의 표준화된 삶의 방식에서 밀려나거나 벗어난 사람들이었다. 전통적인 계급적 관점에서 볼 때는 룸펜들의 운동이라고 폄하할 수도 있겠지만, 현대사회를 보장된 계급과 비보장된 사람들로 이루어져 있다고 파악한다면 오히려 비보장된 사람들이 스스로 색다른 삶의 형태를 추구해나가는 운동이라고 할 수 있다.

여성운동, 반핵운동, 지역운동 위에서 1980년대 초반에 형성된 자율파들은 그 후 자율운동을 주도해간다. 브로크도르프의 원자력발전소를 둘러싼 대결과 같은 평화운동이든 프랑크푸르트의 스타트반 베스트Startbahn West 활주로 건설을 중단시키기 위한 장기적 시도이든 대규모 동원들에서 아우토노멘의 역할은 투쟁에 전투적인 예리한 칼날을 제공하였다. 1980년대 중반까지 아우토노멘은 공고화되었고, 단일 쟁점 캠페인들 및 연대투쟁들을 전개했다. 아우토노멘은 베를린, 함부르크, 암스테르담, 그리고 코펜하겐에 도시 근거지들을 세웠으며 이처럼 독일을 넘어서 덴마크, 네덜란드 등으로까지 확산되었다. 그 후 자율운동이야말로 유일하게 신나치의 등장에 대응하였다.

1980년대 독일을 비롯하여 북부유럽에서 전개된 자율운동에서 나타난 새로운 공간 만들기는 기존의 권력정치와는 완전히 다른 모습을 보여준다카치아피카스, 2000. 주변화된 층들이 국가 체계가 부여한 지배원리에 대항하여 사회의 일부 공간을 점거하여 살면서 자신들의 고유한 내부규칙을 만들어 간다. 예를 들어 국가는 '모든' 마약을 금지한다. 물론 그렇게 함으로써 마피아와 경찰은 경성마약을 둘러싸고 엄청난 마약상승작용을 일으킨다. 하지만 국가와 마피아의 공모에 대항하여 거의 대부분의 자율적 코뮌들이 마리화나와 같은 연성마약(삶 마약)을 값싸게 공급하고 히로뽕 같은 경성마약(죽음 마약)을 금지하기 위해 내부적으로 (경찰과 마피아에 대항하여) 투쟁을 벌여 나간다.[6]

아우토놈(자율파)을 축으로 한 독일의 자율운동은 여전히 체제에 철저히 반대하는 운동으로 남아 있다. 물론 지금은 약화되었지만 그 불꽃은 재를 남기고 있으며, 여전히 우리가 운동을 생각할 때 반체제적이고 근본적인 변형운동으로서 재고해야 할 것이 아닌가 생각한다. 제국의 시대에 모든 것이 제국 안에서 이루어진다고 하는 상황에서, 힘들고 복잡한 도시를 벗어나 교외로 나가는 생태주의적 도피가 아니라, 거대 도시의 가장 깊은 안쪽에서 다른 세계를 만들어내려는 운동으로서 말이다. 향수에 젖어 체 게바라를 바라보기보다는 이 현존하는 탈근대적 게릴라들에 주목하는 것

---

6 경성마약(hard drug), 연성마약(soft drug): 자율주의자들은 마약을 경성마약과 연성마약으로 구분한다. 신체에 치명적인 중독성과 의존성을 가져오는 경성마약을 죽음마약이라고도 하며 거부한다. 이러한 마약은 민중의 삶을 파괴하며 더욱이 독점적 공급자가 경찰과 합세하여 고가에 퍼트리고 있어 자율운동에서는 척결의 대상이 된다. 반면 연성마약은 삶에 활기를 가져온다고 보고 삶 마약이라고도 하며 주민들이 자유롭게 사용하도록 허용하자고 한다.

이 더욱 현실적이지 않을까 생각해 본다<sub>윤수종, 2003b: 135.</sub>

중부유럽에서 활발히 전개되던 자율운동은 1990년대 들어 이탈리아에서 다시 활성화된다. 이탈리아의 68혁명은 다른 나라에서와는 달리 학생운동과 노동운동이 결합하면서 1970년대 내내 자율운동으로 활성화되었다. 그 과정에서 '도시를 장악하자'는 운동이 전개되었고, 버려진 건물들이나 부지들을 점거하여 자신들만의 공간을 만드는 사회센터운동이 시작되었다. 1980년대 중반 이후, 특히 1990년대 들어서 공적 공간의 축소에 대항하여 다시 적극적으로 점거하여 자신들의 공간을 만드는 사회센터운동이 활발하게 전개되었다.

이탈리아의 사회센터들은 점거를 통해서 자신들의 자유의 공간을 만들어 낸다. 사회센터들은 문화적 활동뿐만 아니라 정치적 캠페인, 다양한 사회서비스 등을 수행하며 자가생산과 자주관리를 조직원리로 삼고 있다. 자본주의시장과 국가로부터 독립적인 공간과 운영을 지향하고 있지만 나름대로의 시장과의 관계를 만들어 가며, 지역사회와도 긴밀한 협력을 하려고 한다. 최근 들어서는 점거지의 합법화와 지방정치에의 개입 등을 둘러싸고 의견이 분분하지만, 여전히 불법과 합법의 경계선에서 다양한 활동을 전개하고 있다. 더욱이 사회센터 성원들은 지역적 차원에서 더 나아가 전국적 차원과 전 지구적 차원에서의 운동에도 참여하고 있다. 사회센터활동가들은 '투테 비안케'[7]와 '야 바스타 연합'[8]과 같은 조직을 만들어 새로운 시위형태를 실험하고 전 지구적인 연대와 대안세계화운동에 개입해 왔다.

자율운동과는 거리가 먼 것처럼 보인 영국에도 자율운동의 본류라고 할 수 있는 점거운동이 있어 왔다. 특히 1990년대 반도로투쟁과 급진적 파티저항문화가 결합하면서 2000년대 들어 사회센터 및 자율공간을 만들어 내는 운

---

7 투테 비안케(Tute Bianche)는 아래위가 연결된 흰 작업복(white overalls)을 의미한다. 투테 비안케는 사회센터활동가들이 유령처럼 아래위가 붙은 흰 옷을 입고 거리에 나서 다양한 비폭력 시위를 전개한 집단이다. 야 바스타 연합과 함께 생겨나고 해체하였다.

8 야 바스타!(Ya basta!)는 '됐어! 됐어!'(영어로는 'Enough is enough!'의 의미에 가깝다)를 의미한다. 이견이나 분리를 가져온 쟁점들에 대해서 비난하는 말이다. 다양한 이데올로기를 지닌 집단들을 하나의 공통 목표 아래 모으려는 구호이다. 멕시코의 EZLN이 채택한 구호이기도 하다. 야 바스타 연합은 이탈리아의 여러 도시를 연결하는 많은 그룹들의 네트워크(사회센터들과 시민단체들의 연합체)로서 1996년 결성되어 2001년까지 활동하였다.

동이 나타났다. 불법점거도 하지만 운동권에서 기금을 마련하여 급진적 서점, 정보상점, 자료센터와 같은 합법적이고 자율적인 공간과 사회센터들을 만들어 가는 특성을 보였다. 지속적이고 안정적인 근거를 마련하려는 의도 때문에 점거운동에서 항상 논란이 되어 왔던 합법적 임대 형식을 추구하는 특징을 보인다. 물론 그러한 합법적인 공간들은 여타 불법적인 점거집합체들을 지원하고 촉진시키는 기반으로 작용한다. 그러나 운동의 힘은 역시 불법점거한 집합체들의 활동에서 나온다. 영국의 사회센터들 및 자율공간들은 특히 모임의 장소로 제공되거나 행사를 치르는 등의 방식으로 운동의 네트워크에서 거점으로 역할하는 것이 큰 특징이다. 여러 장소에서 열리며 상이한 시간에 걸쳐 이동식으로 이루어지는 운동방식 등은 새로운 운동형식으로 등장하고 있다. 영국의 사회센터들과 자율공간들은 활동가들의 허브로서 기능하려 하며, 사회센터 네트워크를 만들어 다양한 공간을 서로 연결하고 조직해 나가기 위한 실험들을 전개하고 있다.

　서구의 이러한 자율운동은 신자유주의의 팽창 장소인 도

시 속에서 대중의 주거와 삶을 확보해 나가면서 색다른 사회적 유대와 자주관리를 수행하려는 특성을 지니고 있다. 그리고 그 근간을 이루는 것은 바로 공간을 점거하여 다르게 활용한다는 점이다. 또한 자율운동의 주요 형태인 사회센터들은 일시적 자율지대[9]로서 기능하기도 하지만 다양한 사람들(특히 주변자들)이 다양한 활동을 벌여가며 거주하는 공간의 특성을 보이기도 한다.

자율운동은 색다른 삶의 형태를 추구함으로써 표준화하고 획일화하려는 지배권력과 가장 격렬하게 싸운다. 바로 그렇기 때문에 많은 운동이 제도화되고, 권력은 운동들이 제기하는 것들을 국가장치 안에 포획하려고 하는 상황에서, 자율운동은 그 표준을 거부하고 운동의 지형도를 넓혀줌으로써 다른 다양한 운동이 전개될 수 있도록 해준다고 생각한다.

---

9 일시적 자율지대(TAZ, Temporary Autonomous Zone): 자율운동에서 어떤 장소를 점거하여 자신들의 고유한 활동을 벌이다가 상황에 따라 다른 장소로 쉽게 옮겨가게 되는데 그 일시적인 점거(점유) 장소를 일시적인 자율지대라고 한다.

자율운동은 또한 운동집단 내부의 자율성과 비위계화를 지향한다. 주변층으로부터 시작된 자율운동은 내부의 주변을 만들지 않으려고 한다. 그런 과정에서 소수자들을 포괄하는 방향으로 나아가며, 소수자운동과 결합할 수 있다고 생각한다.

자율운동은 또한 국가권력의 장악이 아니라 색다른 삶의 형태를 창출함으로써 국가권력의 지배력을 약화시켜가며 최종적으로는 국가를 사멸시키려는 것이다. 즉, 국가권력으로부터 독립적인 자유로운 공간을 창조하면서 내부적 위계를 해체해 감으로써 국가권력의 싹을 없애 가려는 것이다. 68혁명 이후 서구의 사회운동의 방향은 기존의 위계화된 조직에서 다방향 네트워크로 나아가고 있다고 생각된다.

## 3. 소수자운동과 대안운동

자율주의[10]는 지배권력에 대해서 독자성과 자율성을 강

---

10 자율주의(Autonomia): 대중의 자율성을 강조하는 마르크스주의적 운동 및 이

조하면서 아래로부터의 사회구성원리를 강조한다. 기존의
마르크스주의도 이러한 대중의 관점을 견지하고 있었다.
문제는 그 아래가 다시 중심화되고 권력화되는 것이었다.
노동자계급 안에서 순수한 주체(생산적 노동자와 전위)를 뽑아
내려다가 여타 다양한 주변층을 배제하게 된 것이다. 여기
서 노동자계급 안에서 주변성에 착목하는 것이 노동자계급
의 자율성을 확보하는 데 중요한 고리가 된다는 인식에 이
르게 된다.

　이 주변성을 담아내면서 노동자계급 전체의 자율성을 증
대시키려는 것이 자율운동의 출발이었다. 예를 들어 노조
운동 안에서 여성이나 비정규직을 배제해 나가면 결국은
노조가 자본(사용자)과의 싸움에서 힘을 잃게 되고 자신의
자율성(힘)을 확보해 나갈 수가 없게 된다. 자율성(힘)은 내

---

념으로, 특히 68혁명 이후 좌파(공산당)의 당 중심 운동에 대한 비판으로 출현
하였다. 물론 그 이전에도 로자 룩셈부르크처럼 대중의 자생성을 강조하며 룸
펜프롤레타리아트의 운동성에 주목한 경우가 있었고, 그람시처럼 대중의 동
의를 받는 리더십을 강조하기도 하였다. 그러나 68혁명 이후의 자율주의는 권
력장악 테제를 비판하면서 훨씬 더 대중의 자율성을 강조하고 다양한 운동을
네트워크 속에서 포괄해가고자 하였다.

부의 주변성을 포괄해 나가면서 외부와 횡단적으로 연결될 수 있을 때 더욱 확보될 수 있기 때문이다. 물론 전체적으로 보아서는 노동자계급이 획득해온 자치성(공공영역)을 기반으로 삼으면서, 자율운동은 자연스럽게 소수자운동과 연결된다.

소수자운동은 노동자계급 안의 주변층뿐만 아니라 사회의 주변층들에서 나타나는 운동이다. 소수자운동은 주변을 강조하고 중심을 해체함으로써 전체 지형도를 바꾸고 소수자 집단 자체의 자율성뿐만 아니라 사회 전체의 자율성을 확장해 나가려는 운동이다. 따라서 소수자운동은 바로 자율운동과 손을 맞잡고 나간다고 할 수 있다.

소수자운동은 표준화되기를 거부하는 사람들 및 집단들이 자신들의 자율성(정체성)을 지키고 확장해 나가기 위해서 일정한 공간을 확보해 나가는 것이라고 적극적으로 규정할 수 있을 것이다 윤수종, 1999: 99-124.

소수자권익보호운동이 소수자의 권익을 방어적으로 지키자는 방향에 있고 다수자의 지배를 전제로 한다면, 소수자운동은 다수자의 지배 영역을 축소해 나가기 위해 자신의 색다른 삶의 방식을 개발해 나가려고 한다. 당연히 다수자의 지배영역과 충돌할 수밖에 없다.

또한 시민운동은 정치적 지배(국가)에 대해 시민적 자율성 영역을 확장하여 민주주의 사회를 만들어 간다는 상에 집착한다. 특이성이 무시된 개인들로서 시민에 의거하면서 다수의 공통성을 찾아서 운동화하려고 한다. 국가권력을 부드럽게 만들면서 말이다. 그에 반해 소수자운동은 특정한 사람들 및 집단들의 특성에 기반하면서 그들이 지닌 고유성을 오히려 긍정해 나가려고 한다. 개별자들의 특이성을 표준화하려고 하지 않고 서로의 차이를 극대화하면서도 오히려 소통의 폭을 넓힐 수 있는 방식을 추구하는 것이다. 그 과정에서 소수자들을 특정한 틀에 묶으려는, 즉 그들을 포획하려는 제국 및 국가 그리고 다수자적 흐름과 충돌하게 된다.

기존의 마르크스주의적 사고방식에서는 소수자운동에서 강조하는 차이의 논리에 대해서 의심의 눈초리를 보내고 있다. 차이의 논리에 근거해서 어떻게 연대하고 점점 거대해지는 적을 공격하고 파괴할 수 있느냐 하는 것이다. 이는 구성권력의 전략에 대한 이해의 차이에서 비롯되는 것이라고 생각된다.

차이의 논리를 강조한다고 해서 공통성을 만들어 가지 못하란 법은 없다. 공통성을 동질성으로 이해하니까 그런 것이다. 개별자singularity(특이성)들이 서로의 동질적인 측면(사실은 추상적인 공통성)을 모아서 어떤 대표나 매개체에 그것을 위임해야 구성이 가능하다는 것이 기존의 대표제 논리이자 구성방식에 대한 사고였다. 이 경우 개별자의 특이성은 무시되게 되어 있다. 그렇게 해서 만들어 낸 공통성은 개별자들의 소통을 넓히는 것이 아니라 좁히고 단조롭게 만든다. 그 공통성은 개별자들이 지닌 동질성의 산술적 합계인 것이다. 이렇게 해서는 제3의, n번째의 것을 만들어 낼 수 없을 것이다.

차이의 논리에 입각한 스피노자적 소통의 정치는 바로 차이를 넓히면서 공통성을 만들어 감으로써 소통의 폭을, 공통성을 더욱 넓히자는 것이다. 점점 더 달라지면서 함께 할 수 있는 것(특이화)에 대해 왜 생각하지 못하는가? 동일해 져야만 같이할 수 있다는 생각은 굉장히 위험한 발상이라고 생각한다. 달라짐으로써 새로운 것들이 구성될 가능성은 더 많아질 수 있을 것이다. 당이나 국가, 혹은 국제적 기구들 같은 매개체는 바로 이러한 생성의 가능성을 제한하고 어떤 경우에는 억압하기 때문에, 경유해야 할 것으로 생각하지 않는다. 국가권력을 나누어 가지려는 분권운동이 아니라 오히려 국가로부터 더욱더 이탈하는 운동, 당으로부터 더 멀어지는 운동을 통해서 대중의 구성의 폭과 가능성을 넓히는 '구성권력'의 전략이 필요하다고 생각한다.

1987년 노동자·농민 대투쟁 이후 한국사회의 민주화 과정이 궤도에 올랐다. 우여곡절이 있었지만 권력의 전횡을 막고 사회 각 부문의 억압적인 틀을 바꾸려는 민주화 과정이 진행되어 왔다. 민주화의 주체로서 노동자계급을 비롯한 여성, 농민, 빈민 등 전통적인 계급과 시민들은 정치권력의 민주화와 각 제도의 민주화를 추구해 왔다.

그러나 그 과정에서 계급적 범주와 시민의 범주로는 파악되지 않던 다양한 새로운 주체들이 색다른 문제들을 제기하고 해결해 나가려고 하면서 사회변화를 추구하게 되었다. 그들 가운데 이른바 소수자들은 기존의 권력혁명의 상에서 벗어나 사회 각 부문의 주류적 흐름에 대해서 소수적 흐름을 강조해 왔다. 소수자들은 비가시화되었지만 다양한 차별이 존재하는 영역에서 새로운 관계를 만들어 가려고 노력하였다. 소수자운동은 한편으로는 1997년 IMF 위기를 계기로 비보장된 사람들이 확산되면서 다른 한편으로는 차이에 근거한 다양한 정체성의 확인 및 인식이 확산되면서, 소수자운동이 점차 활성화되어 왔다.

소수자운동은 자기정체성 찾기에서 출발하여 자신의 고유한 자유의 공간을 만들어 나간다윤수종, 1999. 한국에서의 소수자운동의 사례 가운데 자기 정체성을 강하게 확인하고 나오는 운동은 성소수자 운동이라고 생각된다. 소수자운동은 소수자인권을 비롯하여 동성결혼 및 가족구성권과 같은 문제를 제기하고 있다. 또한 가상공간을 활용한 새로운 공간 만들기를 하고 있다. 성소수자운동은 기존의 표준화된 인식과 공간에 새로운 것을 덧붙이는 운동이라고 생각되며, 장애인 운동에서 제기하는 이동권 문제도 마찬가지일 것이다윤수종 외, 2005.

한국에서 소수자운동은 2000년대 중반 이후 새로운 양상으로 전개되고 있다. 성매매금지를 축으로 하여 전개되어 온 성매매여성운동은 성매매금지특별법(성특법) 제정을 계기로 성노동자운동으로 전환되었다. 이주자운동에서는 이주자들이 지원조직들의 대상에서 벗어나 스스로 주체가 되어 노조운동을 벌여가게 되었다. 한편 성소수자운동은 자신들의 삶의 방식을 실험할 뿐만 아니라 다양한 제도의 변화를 추구하는 미시정치를 수행해 나가고 있다. 장애인운동도 시설개선운동과 법제개선운동, 이동권 투쟁 등에서 이제는 점차 독립생활운동, 탈시설운동으로 나아가고 있다. 또한 병역거부운동은 강고한 '양심'에 근거한 거부에서 점차 평화를 지향하는 거부로 넘어가고 있다. 더욱이 여린 심성을 지닌 병사들이 위계와 남성성을 강요하는 병영생활을 다양한 방식으로 거부하고 있다. 물론 현실에서는 집단 우울증과 자살이 빈번하지만.

이러한 소수자운동의 새로운 전개는 사회 전체의 변화를 추동하는 주요한 동력이 되고 있으며 절대적 민주주의를 확장하는 과정이라고 할 수 있다윤수종 외, 2013. 대표화가 성행하는 현실 속에서 대표되지 않은 사람들을 드러내는 소수자운동이야말로 사회의 절대적 민주주의에 기여할 것이라고 본다.

소수자운동은 정체성의 확인과 차별철폐를 향한 다양한 권리확보운동을 해 왔다. 소수자운동은 이해관계에 초점을 맞추어 왔던 계급운동 및 부문운동에 대해서 정체성 문제를 제기함으로써, 정체성에 근거한 좀 더 구체적인 투쟁들을 만들어 왔다. 이해관계뿐만 아니라 집단적 주체성(정체성)에 근거한 다양한 권리투쟁영역을 개척해 왔다고 할 수 있다. 그런데 소수자운동의 정치학으로서 표방되는 '정체성의 정치학'은 방어적이고 소극적인 측면을 지닌다. 특정한 정체성에 고정되거나 집착하는 경향이 있기도 하다. 실제로 소수자를 비롯하여 모든 사람은 복수적인 정체성을 갖고 있다. 소수(자)적 정체성으로 한 인간의 인성 전체를 규정하고 차별화하는 것이 문제일 것이다. 특정한 소수적 정체성을 지키고 보호하는 것을 넘어서 좀 더 포괄적이면서 다른 집단들과 소통할 수 있는 방향으로 나아가야 할 것이다. 다시 말해서 복수적인 정체성을 지닌 개인의 특성을 다면적으로 발전시킬 수 있도록 해야 한다. 개인들은 고정된 정체성보다는 유동적인 정체성을 지니게 되어야 한다. 정체성을 확인하고 고정시키는 것이 아니라 개인이나 집단의 고유한 특성(특이성)으로서 존중하면서 드러내고 소통하도록 하는 것이 중요하다.

물론 정체성의 정치학에 대해 대체로 엘리트주의적이라거나 자신들의 일에만 집착한다는 비판이 있다. 이것은 소수적 정체성에 긴박되어 다른 집단이나 계층과 상호작용하지 못하기 때문에 나타나는 것으로 볼 수 있다. 또한 정체성의 정치학이 빈민이나 노동자계급과의 연계를 만들어 내지 못한다는 비판을 받는다. 이것은 또한 정체성의 정치학이 중간계급의 운동으로 되어가고 있는 것에 대한 비판이기도 하다.

이러한 비판을 감안할 때, 소수자운동 내부에서 나타나는 대안적인 삶 형식의 실험들은 정체성의 정치학을 넘어서려는 움직임으로 볼 수 있다. 정체성의 확인과 긍정에서더 나아가 차이들을 받아들이되 서로의 특이성을 활성화하면서 색다른 삶을 만들어 가는 것이다. 소수자운동이 대안운동으로 변신하면서 소수성을 포괄하는 복수성과 다양성을 향해 나아간다고 할 수 있다. 그럼에도 내적으로는 각 특이성을 존중하면서, 차이들을 통일하는 것이 아니라 더욱 확대함으로써 소통통로를 만들어 갈 수 있을 것이다. 내부의 차이를 억압하는 것이 아니라 오히려 확대하면서 어떻게 소통통로를 만들어 갈 수 있느냐 하는 것이 중요하다. 실제 소수자운동에서는 내부의 차이와 분리의 논리가 중요한 메커니즘으로 작동하고 있다. 통합이 아니라 분리를 통해서 연대할 수 있는 방식을 생각해야 할 것이다.

그리고 대안운동의 주체들을 볼 때 체제로부터 밀려나거나 체제에 적응하기를 거부한, 즉 표준화되기를 거부한 소수자들의 특성들을 지니고 있다. 그리고 소수자들은 자신들의 정체성을 확인한 위에서 이제는 다른 삶을 만들어 나가려고 한다. 여기서 소수자운동과 대안운동이 만날 수 있을 것이다. 현재까지 대안운동은 소수자운동에서 제기하는 정체성 문제를 적극적으로 끌어안으려고 하지 않았다. 대안운동이 다양한 소수자를 포괄하는 방향으로 나아갈 때 진정한 대안들을 만들어 낼 수 있을 것이다.

기존의 주류 사회에서 배제되어온, 달리 말하면 표준화를 거부하는 소수자들은 운동을 하면서 점차 기존의 주류적인 삶의 방식과는 다른 삶의 방식들을 실험하게 된다. 소수자 운동은 대안운동의 성격도 띠어 가게 되는 것이다. 소수자적 정체성을 인식하고 커밍아웃을 하면서 전과는 다른 관계들을 자신들 속에서 그리고 이웃과의 관계 속에서 만들어 나간다. 실제로 대안운동의 주체들은 일단 기존 사회의 삶의 방식에 대해 불만을 가지며 색다른 삶을 만들어 가려고 한다. 그러한 과정에서 대안운동의 주체들은 비판적인 인식과정을 겪으며 주변에 뜻을 같이하는 사람들과 연계망을 만들어 나가면서 대안적인 움직임에 개입하게 된다.

성소수자운동에서는 동성결혼이나 동성커플가족 또는 집합적 주거방식 등이 나타나고 있다. 청소년의 성정체성의 문제, 성소수자의 차별 등의 문제가 여전히 있지만, 이제는 성소수자의 (하위)문화로서 술집이나 놀이공간에서 자신들의 새로운 삶(놀이)의 방식들을 만들어 나간다. 기존의 이성애적인 가족상에 대해서 색다른 가족의 상을 제시하며 다양한 가족형식(가족구성권)을 제안하고 있다. 또한 성소수자들의 지역커뮤니티나 가상공간 커뮤니티는 이제 비소수자들도 방문하고 탐험하는 세계가 되고 있다. 아직 주거커뮤니티까지 나아가지는 못하고 있지만 말이다.

장애인운동에서는 이동권을 비롯한 다양한 권리확보운동이 활발히 진행되었다. 그러면서 장애인들은 집에 갇혀 있던 상황에서 문밖으로 나오게 되었다. 특히 중증장애인들은 주변의 도움을 필요로 하지만(활동보조인서비스제도 요구) 자신들의 결정에 따른 삶을 살아가려고 노력하고 있다. 점차 장애인운동의 주요 내용이 되고 있는 자립(독립)생활운동은 바로 대안적인 삶을 실험하는 것이라고 볼 수 있다.

성매매여성운동은 성매매특별방지법(성특법, 2005년) 이후 성노동자운동으로 전개되기도 한다. 물론 다수의 성매매여성들이 운동에 나서는 것은 아니지만 어쨌든 '성노동자'라는 정체성을 제기하고 나섬(커밍아웃)으로써 도덕적인 성매매폐지 입장을 견지하던 페미니즘에 커다란 충격을 주었다. 더욱이 집창촌 형태의 성매매에 종사하는 여성들은 성매매거리를 생존을 위한 일터라고 강조하면서 국가의 간섭을 거부하고 '(지역)자율관리'를 하겠다고 나서고 있다. 또한 성매매매거리 안에서 성매매여성들이 주체가 되어 아웃리치outreach 활동을 통해서 자신들의 동료들과 이웃을 변화시켜 가는 운동에 나서고 있다. 성매매거리에서 나타나는 자신들과 동료들의 여러 가지 문제를 해결해 가면서, 이웃공동체의 삶을 다르게 만들어 가는 운동을 하고 있는 것이다.

이주노동자운동의 경우 노조형식의 조직화가 진전되고 있으며, 특히 이주노동자들의 주거공동체나 연결공동체가 만들어지고 있다. 물론 특정 국가와 연관된 이주노동자공동체만이 아니라 안산의 '국경 없는 마을'처럼 다양한 노동자들이 섞여 살아가는 공동체가 나타나기도 한다. 다양한 색깔의 피부를 가진 사람들이 함께 살기를 실험하고 있는 것이다.

더 나아가 소수자들을 억압하는 사회적 편견과 다수자의 인식을 고발하던 소수자 담론윤수종 외, 2002은, 점차 소수자들의 색다른 삶을 그려내고 촉구하는 것으로 변해 왔다. 이제 소수자 담론은 소수자들의 색다른 삶과 감성을 드러내려고 한다. 또한 그만큼 소수자들의 발언이 점차 드러나고 소수자들의 글쓰기도 활성화되고 있다고 할 것이다윤수종 엮음, 2014.

그리고 빈민에 속하는 소수자들 가운데 대안적인 실험

을 하는 집단들도 있다. 넝마공동체 성원들은 일찍부터 공동주거형태를 만들어 갔으며 대안적인 삶을 살아갔다윤수종, 2003a. 노숙인들의 점거공동체 '더불어사는집'윤수종, 2013, 최근 젊은이들의 자유로운 주거공간으로 실험되고 있는 '빈집' 강내영·윤수종, 2011 등은 다양한 소수자가 모여 살면서 공통적인 것을 실험하고 색다른 것들을 만들어 나가고 있다. 그 외에도 가출한 청소녀들이나 청소년들은 쉼터를 돌아다니기도 하지만 자신들의 주거공동체를 만들고 자신들이 만든 규칙을 지켜가면서 부모에게 얽매이지 않은 삶을 살아가기도 한다. 물론 폭력과 성문제와 생계문제(도둑질) 등이 함께 얽혀 돌아가지만 말이다추주희, 2008. 이처럼 대안운동으로 나타나는 다양한 미시코뮌들의 움직임에 주목할 필요가 있다윤수종, 2007.

한국의 대안운동은 대체로 소수자들과 별 관련 없이 진행되었다. 생태적인 성향, 약간 중간계급적인 성향, 자본주의의 모진 것에 대해서는 반감을 갖고 교육적인 대안을 생각하면서 진행되는 것이 일반적이다. 그러다 보니 소수자를 적극적인 주체로 하는 대안운동이 별로 없었는데, 이제 소수자운동 안에서 대안 만들기를 시도하면서 섞일 가능성이 생길 수도 있겠다.

물론 대안운동 가운데는 현재의 지배체제를 거부하지만 과거의 생활이나 더 억압적인 방식으로 되돌아가려는 것도 있다. 기존의 지배적 생활방식을 거부하고 색다른 생활방식을 실험하면서 내부의 자율성을 확보해 나가는 대안운동은 바로 소수자운동의 방향과 일치하는 것이라고 할 수 있다.

한국의 대안운동은 1987년 노동자·농민대투쟁 이후, 특히 1997년 IMF 위기 이후 여러 영역에 걸쳐서 나타나고 있다.[11]

---

11 크게 분류해 보면, 대안교육운동, 생산공동체운동, 생활공동체운동, 대안문화운동, 기타 대안운동이 있으며, 각 운동 안에서 다시 소분류하여 볼 수 있다. 대안교육운동은 공동육아운동과 대안학교운동으로 나타나고, 생산공동체운동은 노동자인수기업의 형태로 나타나고 있다. 생활공동체운동은 생활협동조합운동, 마을공동체운동, 대안경제운동으로 나타나며, 대안경제운동으로는 대안화폐운동, 대안식생활운동, 대안에너지운동, 대안세계화운동을 들 수 있다. 대안문화운동은 획일화를 강요하는 대중매체에 대항하는 대안미디어운동을 필두로 다양한 형태로 전개되고 있다. 그 외에도 하나의 아이템을 가지고 전개되는 다양한 대안운동(예를 들어 대안생리대운동)들이 있다(윤수종, 2007: 255-299).

그런데 그간 정체성의 정치를 기반으로 전개되어 온 소수자운동 안에서 다양한 대안을 실험하는 움직임이 나타나고 있다. 그와 관련하여 대안운동은 다양한 소수자를 끌어안음과 동시에 다양한 차이를 긍정하고 새로운 공통적인 관계를 창출하는 '특이성의 정치'를 전개해 나가야 할 것이다. 이렇게 대안운동은 다양한 실험을 통해서 표준화된 준거와는 다른 다양한 준거를 제시하고 대안적 네트워크를 만들어감으로써 사회를 풍부하게 만들 것이다.

20세기 후반 한국사회의 지형도를 바꿨던 1987년 노동자·농민 대투쟁 이후 한국사회의 운동지형은 커다란 변화를 겪어 왔다. 특히 1997년 IMF 위기과정과 그 이후 삶이 파괴되는 경향도 있었지만, 한편으로는 기존에 당연하게 여기던 삶의 방식에 대한 문제제기가 그 이전과는 훨씬 다르게 적극적으로 제기되어 왔다.

물론 그 이전에도 다양한 대안적인 삶 형식을 찾으려는 움직임이 있었지만, 이제 기존 체제에 대해 비판하면서 그것이 강요하는 삶과는 다른 삶 형식을 찾아나서는 사람들이 많아지고 있다. 주류적인 삶 형식이 강요되는 속에서도 많은 사람들은 표준화된 삶을 벗어나서 자신들의 독특한 삶을 찾으려고 한다.

색다른 정체성을 찾아 나서는 소수자운동과 함께 이러한 맥락에서 등장해 온 대안운동은, 기존의 운동이 권력을 장악하여 또 다른 권력구성체를 만들어 가는 것이었다면, 권력을 없애는, 즉 자율적인 삶의 형태들을 모색하고자 한다. 또한 대안운동은 기존의 운동이 국가와 권력의 상에만 매달려 생활에서 멀어진 사태에 대한 비판을 함의하기도 한다.

이러한 변화 속에서 명령하고 따르는 틀이 아닌 작은 공동체(관계)들을 서로 연결시키면서 수평적 관계망을 확장시키려는 움직임은 대안운동의 주요 요소가 되고 있다. 대안운동은 일상생활 속에서 또한 전통적이고 생산 중심적인 사고 및 활동을 넘어서서 다양한 요소를 결합함으로써 새로운 삶의 형태, 기존의 권력이나 자본이 원하는 방식과는 다른 방식의 삶의 형태를 모색해 나가려고 한다.

도시지역을 중심으로 나타나고 있는 생활협동조합의 움직임, 농촌에서 나타나고 있는 다양한 공동체, 도시에서 나타나는 생산자공동체 그리고 제도교육을 비판하는 대안학교의 움직임, 공동육아운동 등 다양한 대안운동 형태가 속속 등장하고 있다. 대안학교운동 같은 경우 기존의 표준화된 인식과 공간에 새로운 것을 덧붙이는 측면도 있지만 더욱 중요한 것은 교육의 방향과 관련하여 하나의 준거를 새롭게 제기한다는 점이다. 기존의 공교육에 속한 사람들이 자신의 교육활동을 대안학교의 운영방식이나 교육활동에 비추어서 사고하고 만들어간다는 의미에서 대안학교운동은 새로운 준거를 만들어 나갔다고 할 수 있겠다.

대안운동들은 색다른 준거들을 제시함으로써 표준화된 삶에서 벗어날 수 있는 다양한 방향에 대해서 알려줄 수 있다. 물론 대안모델을 제시하는 것도 중요하지만, 기존의 삶형식 속에서 색다른 움직임을 향해 나아가는 꿈틀거림을 만들어 내는, 웅성거리는 모습(구성 과정)이 더 중요할 것이다. 그러므로 대안운동이 수행하는 대안적인 삶만이 올바른 방향이라고 주장하는 것이 아니라, 다양한 삶 형식에 대한 실험을 해 나간다면 그 과정에서 또 다른 교차와 또 다른 방향을 추구할 수 있을 것이다.

더욱이 실제로 대안운동이 잘 이루어지는 지역은 다양한 대안운동 및 대안적인 실험이 서로 얽혀 이루어지고 있다. 소비자생협뿐만 아니라 의료생협, 공동육아, 대안초등학교, 대안기업, 대안화폐, 생태마을 만들기, 소수자적인 생활방식 등이 서로 지역 안에서 네트워크를 이룰 경우에 대안적인 삶은 점점 더 구체화되어 가는 것을 볼 수 있다. 또 그럴 경우에만 각 대안운동이 자본주의적 이윤논리에 맞서서 생존할 수 있기도 하다. 다시 말해서 권력과 자본의 지배에 맞선 복합적 대안운동 네트워크, 대안적 네트워크를 이루어 나가야 할 것이다.


## 4. 보이지 않는 운동

이상의 운동들이 제국 안에서 가시적인 것으로서 나타나고 있는 반면, 눈에 보이지 않는, 볼 수 없는 운동들도 지적할 수 있다. 이것은 제국을 휘젓고 있는 대중매체의 시야에서 보이지 않는 것이기도 하지만, 우리가 흔히 운동이라고 생각하지 않는 대중의 은밀한 움직임이라고 할 수 있다. 또한 척도를 벗어나고 넘어선 것이기 때문에 분명하게 보이지 않는 것이기도 하다. 이와 관련하여 가상공간상의 운동을 이야기할 수도 있고 탈주와 생성을 얘기할 수도 있게 된다.

초코드화하는 제국 권력은 모든 활동을 자신의 틀 속에 집어넣으려고 한다. 이러한 상황에서 조직화되고 제도화된 운동을 넘어서 권력이 미치는 각 분절 지점들에서의 자기의식화(정체성 확인)를 통해 자기가치증식(자율적 주체성의 구성)으로 넘어가는 것이 필요하다. 그와 관련하여 대중의 은밀하고 일상적인 저항들은 우리 시대의 전 지구적 지배 양상에 대한 생체정치적 투쟁의 표현이자 자기가치증식의 징후라고 할 수 있다. 이러한 움직임은 주체성 생산을 둘러싸고 전개된다. 이러한 투쟁은 서론에서 제시했듯이 욕망투쟁과 주체성생산투쟁이라고 할 수 있다.

자본은 바로 자신이 직접 고용한 노동자들뿐만 아니라 다양한 주체를 자신의 이윤 메커니즘의 흐름 안에 끌어들이려고 한다. 사회적 공장 안에 있는, 제국 안에 있는 모든 주민을 자신의 지휘 아래 두려고 한다. 즉, 자신에게 순응하는 주체성을 만들어 내려는 것이다. 그리고 이러한 주체성 생산은 사회의 다양한 시설을 통해 이루어진다. 가족, 학교, 군대, 병원, 공장, 감옥, 네트워크 등을 통해서 말이다.

이제 자본은 노동자들을 직접 통제할 뿐만 아니라 자신의 포획장치에 걸려드는 주체들을 만들어 내는 방식으로 작용한다가타리, 2000: 230-252. 그리고 이러한 자본의 주체성 생산에 대항하는 대중의 주체성 생산투쟁이 전개된다.

주체성 생산과 관련한 투쟁은 조직화되고 제도화된 방식으로 집단적으로 일어날 수도 있다. 그렇지만 결국은 개별 주체가 생산되는 것으로 (실은 집합적 주체성이지만) 귀결되기 때문에 개인적인 거부행위로 나타나는 경우가 흔하다. 그렇기 때문에 그것은 개인적이고 일상적인 문제로 보인다. 그러나 그 일상적인 문제들이 누구나 가지고 있는 것이라면 주체성 영역에서의 투쟁은 결코 개인적인 문제가 아닐 것이며 오히려 대중적인 문제가 될 것이다. 물론 개별적인 투쟁이 축적되거나 집계되면 상당한 효과를 지닐 수도 있으며, 집단적인 가치증식 과정으로 전환될 수도 있을 것이다. 특히 주체성 생산 영역에서의 투쟁은 기존 설비에서의 도주나 탈주[12]로, 또는 기존 훈육방식에 대한 거부로 나타난다. 그러면서 곧바로 새로운 자기구성방식으로 넘어가게 된다. 즉, 내부에서 적대적 투쟁을 벌여 자신의 위상을 높이되 다시 기존 틀에 남아 있는 것이 아니라, 기존 틀에서 벗어나 색다른 생활방식을 추구하지 않을 수 없는 것이다. 생활 자체를 둘러싼 투쟁, 즉 생태투쟁이 될 수밖에 없을 것이다. 물론 더 나아간다면 대안을 만들어 가는 운동(되기)으로 이어질 수 있을 것이다.

몇몇 주체성 생산 영역에서 나타나고 나타날 수 있는 투쟁 형태를 간략하게 살펴보자윤수종, 2000, 58-68.

시설별로 살펴보면, 먼저 공장에서의 명령에 대한 복종거부를 비롯하여 다양하고 은밀한 저항을 찾아볼 수 있다.

가족에서는 청소년과 어린이의 복종거부, 가출, 여성의 가사노동거부, 결혼거부, 임신거부, 출산거부, 육아거부, 성소수자의 생물학적 성(고정된 성)에 대한 거부와 이성애

---

12 도주(desertion), 탈주(flight): 기존의 틀 안에서 전복을 시도하려는 전통적인 혁명 책략과는 달리 기존의 지배 구도에서 벗어나 버림으로써 기존의 지배 구도를 와해시키려는 발상에서 들뢰즈와 가타리가 사용한 개념이다.

가족거부 등 다양한 형태를 볼 수 있다. 가족은 주체성을 생산하는 가장 기본적인 시설로서 자리 잡아 왔으나 점차 해체의 길을 걷고 있다고 하겠다. 이른바 '정상적'인 (부-모-자녀) 핵가족의 비율이 점차 줄어들고 있고 다양한 가족형 태가 나타나고 있다. 여성들이 아이 낳기를 거부하여 자본 에게 가한 타격을 생각해 보라.

학교에서는 학생들의 수업거부, 등교거부, 자퇴 등이 속출한다. 학교를 벗어나는 사람들이 늘어난다. 한국 고등학교는 병영(군대)을 방불케 한다. 그렇기 때문에 학생들은 학교 내부에, 수업시간에도 다른 짓을 한다. 학업에 무관심한 태도가 그 전형적인 방식이다. 대학에서는 정치적인 이유로 실행되기도 했던 동맹휴업이 있었다. 최근에는 프로젝트(돈)를 통한 대학 내 명령체계(지배)에 대해서 대학원생들의 프로젝트 작업 거부 등도 생각해 볼 수 있다(미국에서는 이런 일이 벌어지기도 한다).

군대는 '한번 갔다 와야 어른이 되는' 참혹한 주체성 순화 장치이다. 물론 군대 내부에서의 구타를 참지 못하고 벌어지는 자살, 탈영, 명령거부 등은 흔히 있는 일이다. 더욱이 자신의 뜻에 따라 범법자가 되더라도 입대를 거부하는 양심적 병역거부자들이 존재한다. 이들은 가혹한 처벌 속에서 죄수가 된다.

감옥은 푸코가 판옵티콘panopticon이라는 개념을 도출해 낸 지독한 훈육장치이다. 사회의 특정 기준을 위반한 사람들을 감금해서 사회에 순응하도록 만든다고 하는데 오히려 교도소教盜所가 되고 있는 것 같다. 죄수들의 식사거부(단식), 징역거부, 통제거부, 탈출 등이 끊이지 않는다.

병원을 비롯한 다양한 보호시설은 의사의 직업적 전문성(흰옷으로 표상됨)과 보호라는 구실 아래 사회의 많은 주변자들을 수용하고 있다. 시설에 수용된 사람들은 탈출뿐만 아니라 집단적 저항을 하기도 한다. 그 외에도 다양한 시설에서의 은밀한 움직임도 생각할 수 있을 것이다.

더욱 중요한 것은 이러한 시설들을 통한 훈육이 점차 내재적으로 실행된다는 것이다. 점점 더 미세하고 정교한 절차들을 통해서 주체들의 삶을 관리해 간다는 것이다. 때문에 여기서 주체들의 내재적 저항이 분출될 수밖에 없다.

최근 들어서는 각종 시설 안에서의 훈육을 넘어서 어디

에서나 훈육이 이루어지고 있다. 훈육시설들을 넘어서 훈육이 확장되며 특히 소통을 통한 훈육이 점차 중요해지고 있다. 소통 네트워크 안에서 훈육에 대한 저항이 최근 인터넷상의 운동으로 종종 나타나고 있다.

각 투쟁은 예전부터 다양한 형태로 전개되어 온 것도 있으며 최근에 새로운 형태로 등장하거나 새로운 영역에서 전례 없는 형태로 등장하는 것도 있다. 이러한 주체성 생산 영역의 투쟁들에서 나타나는 특징은 개인의 정체성이 강조되고 개인적 활동이 곧바로 매개 없이 집단적 활동으로 전환할 수 있다는 점이다. 특히 새로운 소통수단(컴퓨터 네트워크, 핸드폰)을 매개로 쉽게 결집되어 저항운동의 형태로 드러난다.

그러나 권력에 압력을 가하는 성격에 머무는 것이 아니라 전혀 다른 주체성을 만들어 낼 수 있는 가능성을 얼마나 가지고 있느냐 하는 것이 중요하다. 임금책정에서 (자본가가 규정한) 생산성이나 물가인상 기준이 아니라 노동자의 재생산비용을 기준으로 삼는 것, 이탈리아의 집세투쟁에서처럼 쫓아내겠다는 위협에 주부들이 자신들이 해온 가사노동이 자신들이 지불하지 않은 몇 달 치의 집세보다 더 많다고 반박하는 것은, 전혀 다른 발전논리, 전혀 다른 삶의 논리를 제출한다. 여기에서 자본의 적분으로서의 권력과의 적대성이, 즉 국가(제국 권력)와의 적대성이 드러난다.

제국 속에서 생체정치적 지배에 대한 생태적 투쟁은 더욱 중요해지게 된다. 즉, 생활방식을 둘러싼 투쟁이 중요해지게 된다. 각종 구체적 설비 및 제도 속에서 이루어지는 주체성 생산을 둘러싼 투쟁이 두드러지게 된다. 복종하는 메커니즘을 만들어 내는 각종 주체성 생산 방식에 대해서 "아니오"라고 말하면서 주체들이 자신들의 자율적 자기 만들기 방식을 제기할 때, 다양한 권력 메커니즘은 작동하기 어렵게 된다.

자본의 지배를 거부하고 산노동의 생산적 주체성을 변형시켜 가는 것은 각종 설비 및 제도의 해체로, 장치의 작동 중단으로 이끈다. 미시적이고 일상적인 관계 속에서 자율성을 억압하는 관계방식에 항의해 나가면서 새로운 조직화를 시도해 나가야 한다. 거대한 사업장 파업을 통해서 사회를 움직여 나가는 것은 자본이 아니라 노동임을 밝히는 것도 중요하지만, 대중이 동력이 되는 새로운 관계를 만들어 나가기 위해서는 일상적인 자기변형에 나서야 할 것이다.

더욱이 이러한 운동들보다도 더 보이지 않는, 볼 수 없는 운동들도 있다. 대표제화를 지향하는 권력 만들기를 운동으로 포장하는 사람들의 눈에는 보일 수 없는 운동들이 있다. 이러한 구도에서 운동을 보려 할 때는 '국가와 혁명'이라는 틀을 '욕망과 혁명'이라는 틀로 바꾸어 보는 것이 필요하다윤수종. 2009. 지배장치인 국가를 장악하여 쇄신한다는 문제설정에서 벗어나 대중의 힘(역능)의 근거인 욕망을 해방하는 방향으로 나아가는 혁명을 수행하고자 하는 문제설정으로 바꾸어야 할 것이다. 대중의 적인 전 지구적 권력이나 국가권력 또는 그것을 지니고 있는 초국적 자본가계급이나 일국의 자본가계급을 타파한다는 의도에서 그것들을 닮아가는 운동이 아니라 스스로를 변형해 가는 운동이 필요한 것이다. 이와 관련하여 가타리의 논의는 많은 것을 이야기해 주고 있다. 가타리의 주장은 서구에서 68혁명 이후 나타난 대중의 욕망 분출을 적극적으로 평가하는 흐름에 서 있다가타리. 2004. 우리의 경우 아주 다른 역사적 경험을 가지고 있지만, 이미 1987년 노동자·농민대투쟁 이후 욕망투쟁이 확산되어 오고 있다.

가타리가 제기하는 것은 인식상으로는 변증법에 기운 통합적, 종합적, 통치적 발상에 대한 비판이다. 또한 욕망하는 기계와 분열분석[13]이란 제안은 '집중제와 아나키즘'이라는 인식 및 조직 대당을 넘어서려는 것이다. 변증법이 권력을 만들어 가는 논리 및 인식이었다는 반성 위에서, 권력을 만들어 가지 않는 방식을 제기하는 것이다. 특히 위에 있는 권력과 국가, 장치와 구조라는 상에 대한 밑으로부터의 권력 비판과 권력 장악, 새로운 건설이라는 상과 방식은 또 다른 권력을 만들어 냈었다. 그런데도 여전히 같은 방식으

---

13 분열분석(schizo-analysis): 분열분석의 기본방향은 소극적으로는 라캉식의 주조주의적 프로이트해석에 대한 비판과 더 나아가 프로이트 자체에 대한 비판을 통해, 환원론을 반대하고 기계적 작동에 대한 분석을 지향한다. 적극적으로는 언어학과 기호학 비판을 통하여 변증법에 대한 대안적인 사유방식을 구성해 나가려고 한다. 들뢰즈와 함께 가타리는 『안티 오디이푸스』와 『천개의 고원』을 통해 이를 수행하였다. 그러나 가타리 독자적으로는 『정신분석과 횡단성』, 『분자혁명』을 통해 그리고 『기계적 무의식』과 『분열분석적 지도제작』을 통해 분열분석을 소극적으로, 그리고 적극적으로 시도하였다. 분열분석은 환원론을 반대하고 '기계적 이질발생성'에서 생기는, 특정한 원인에서 생기는 것이 아니라 카오스에서 구성되는 '카오스모제'라는 생성론으로 나아간다.

로, 대표를 통해 무언가 해결해 갈 수 있을까?

권력을 만들어 가지 않는, 권력의 방식과는 전혀 다른, 대중의 욕망에 기초한 유연한 기계들을 설립하자는 것이 가타리의 제안이다. 지배와 지배 장치는 우리 위에, 사회의 상층부에, 그렇게 저 멀리 있어서 우리가 그것을 파괴하고 아래를 내려다보면 달라지는 것이 아니다. 또한 지배와 지배 장치는 멀리 있는 것이 아니라 우리 속에 우리와 가까이 있는 각종 기계들과 함께 움직이는 욕망에 붙어 있는 것이다. 이러한 욕망의 흐름을 해방한다는 것은 다수자적인 동일자의 초코드화로, 권력 만들기로 나아가는 것이 아니라, 소수자적인 방향으로, 특이한 개별자들을 전면적으로 발전시키는, 따라서 횡단적이고[14] 분자적인 움직임을 만들어 가

---

14 횡단성(transversality): 고슴도치의 우화 —추운 겨울 어느 날 고슴도치들은 추위를 이기기 위해 서로 몸을 밀착시켰다. 그러자 서로 찔려 아파서 다시 떨어졌다. 밀착하고 떨어지기를 반복하면서 고슴도치들은 아프지도 않고 춥지도 않은 가장 적절한 거리를 유지하면서 서로를 감쌌다— 로 예시되는 횡단성 개념은 수직적 위계와 수평적 칸막이를 깨려는 문제의식에서 출발한다. 무엇보다도 가타리는 60년대에 정신병원 의사로서 활동하면서 의사-간호사-환자라는 제도적으로 결합된 3자 관계를 종래의 틀에서 해방하고 거기에 새로운 사회 변혁 모델을 찾으려고 시도하는 과정에서 '횡단성' 개념을 착상하였다. 그

는 것이다. 많은 여성이 피임도구를 사용하여 자신의 욕망을 해방해 가면서 인구의 생체정치를 수행했듯이, 분자적인 움직임이 농축되면서 생각지도 못한 변화를 가져올 수 있다.

욕망의 미시정치에 근거한 욕망투쟁과 일상투쟁을 통해서 욕망에너지를 해방함으로써 권력에서 탈주하는 흐름을 만들어 내 되기(생성)[15]의 흐름으로 만들어 가자는 것이다. 그 탈주의 방법은 분열분석적이고 탈주의 원칙은 인민의 직접적 책임, 즉 자율성이다.

---

러나 횡단성 개념은 단순히 그러한 소극적인 의미를 갖기보다는 새로운 집단적인 표현 양식, 새로운 무의식적 집단 주체가 드러나는 장소 및 과정으로서 의미를 갖는 것이었다. 특히 가타리는 그러한 횡단성을 가능케 하는 집단의 욕망에 대해 천착해 나간다.

15 되기(becoming): 기존의 틀에서 탈주하여 색다른 것으로 변형되어 가는 과정을 말한다. 특히 제도들 속에서 형성되는 주체성을 다르게 만들어 나가는 것을 말한다.

# 참고문헌

가세트, 오르테가 이(Gasset, Ortega y), 황보영조 옮김, 『대중의 반
  역』, 역사비평사, 2005.

가타리, 펠릭스(Guattari, Félix), 윤수종 옮김, 『분자혁명』, 푸른숲, 1998.

_____, 윤수종 옮김, 「권력구성체의 적분으로서 자본」, 『진보평
  론』, 6호, 현장에서 미래를, 2000년 겨울호, 2000.

_____, 『정신분석과 횡단성』, 울력, 2004.

강내영·윤수종, 「빈집」, 『진보평론』 49호, 2011.

김세균, 「프롤레타리아 국제주의 운동의 궤적과 전망」, 『진보평
  론』, 17호, 현장에서 미래를, 2003.

네그리·하트(Negri, Antonio and Hardt, Michael), 이원영 옮김, 『디오
  니소스의 노동 2』, 갈무리, 1997.

_____, 윤수종 옮김, 『제국』, 이학사, 2001.

_____, 조정환 외 옮김, 『다중』, 세종서적, 2008.

_____, 정남영·윤영광 옮김, 『공통체』, 사월의 책, 2014.

들뢰즈·가타리(Deleuze and Guattari), 김재인 옮김, 『천개의 고원』,

　　　새물결, 2001.

라 보에티(La Boetie), 박설호 옮김, 『자발적 복종』, 울력, 2004.

라이히, 빌헬름(Reich, Wilhelm), 윤수종 옮김, 『성혁명』, 새길, 2000.

＿＿＿, 윤수종 옮김, 『오르가즘의 기능』, 그린비, 2005.

＿＿＿, 황선길 옮김, 『파시즘의 대중심리』, 그린비, 2006.

＿＿＿, 윤수종 옮김, 『성정치』, 중원문화, 2011.

라인골드, 하워드(Howard Rheingold), 이운경 옮김, 『참여군중』, 황
　　　금가지, 2003.

레닌, 블라디미르 일리치(Lenin, Bladimir Ilrich), 남상일 옮김, 『제국
　　　주의론』, 백산서당, 1986.

룩셈부르크, 로자(Luxemburg, Rosa), 최규진 옮김, 『대중파업론』, 풀
　　　무질, 1995.

＿＿＿, 황선길 옮김, 『자본의 축적 1, 2』, 지식을 만드는 지식, 2013.

르봉, 구스타브(Le Bon, Gustave), 이상돈 옮김, 『군중심리』, 간디서
　　　원, 2005.

리즈만, 데이비드(Riesman, David), 이상률 옮김, 『고독한 군중』, 문
　　　예출판사, 1999 .

마르쿠제, 허버트(Marcuse, Herbert), 차인석 옮김, 『일차원적 인간』,
　　　삼성출판사, 1983.

마르크스, 칼(Marx, Karl), 김수행 옮김, 『자본론 1, 2, 3』, 비봉출판사,

2002-2004.

마샬, 필(Marshall, Phil), 이정구 옮김, 『인티파다』, 책갈피, 2001.

마키아벨리, 니콜로(Machiavelli, Niccolo), 이상두 옮김, 『군주론·전
　　　술론』, 범우사, 1975.

모스코비치, 세르쥬(Moscovici, Serge), 이상률 옮김, 『군중의 시대』,
　　　문예출판사, 1996.

서관모, 『현대 한국사회의 계급구성과 계급분화―쁘띠부르조아지
　　　의 추세를 중심으로』, 한국사회학회, 한울, 1984.

_____, 「한국 사회 계급구성의 사회통계적 연구」, 『산업사회연구』
　　　1집, 한국산업사회연구회, 1985.

스피노자, 바루흐(Baruch Spinoza), 김성근 옮김, 『국가론』, 서문당,
　　　1978.

_____, 강영계 옮김, 『에티카』, 서광사, 1990.

신희영, 「미국경제위기와 월스트리트 점거운동」, 『진보평론』 50호,
　　　2011.

아퀼라·론펠트(Arquilla, John and Ronfeldt, David), 한세희 옮김, 『네
　　　트워크 전쟁』, 한울, 2005.

연구공간 L 엮음, 『자본의 코뮤니즘, 우리의 코뮤니즘』, 난장, 2012.

원영수, 「반세계화운동의 흐름과 전망」, 『진보평론』, 17호, 현장에
　　　서 미래를, 2003.

윤소영, 『역사적 마르크스주의: 이념과 운동』, 공감, 2004.

윤수종, 「이탈리아의 아우토노미아 운동」, 『이론』, 14호, 1996.

_____, 「분자혁명과 투쟁방향」, 『비판』, 3호, 박종철출판사, 1998.

_____, 「마르크스주의의 확장과 소수자운동의 의의」, 『진보평론』, 창간호, 현장에서 미래를, 1999.

_____, 「파업의 일상성」, 『진보평론』, 3호, 현장에서 미래를, 2000.

_____, 「여성운동과 진보의 방향－1970-80년대 이탈리아의 자율적 여성운동의 전개를 중심으로－」, 『진보평론』, 7호, 2001년 봄호, 현장에서 미래를, 2001.

_____, 『자유의 공간을 찾아서』, 문화과학사, 2002.

_____, 「넝마공동체의 성격과 변화」, 『진보평론』 15호, 2003a.

_____, 「독일 자율운동의 전개과정과 그 함의」, 한국산업사회학회 엮음, 『사회이론과 사회변혁』(김진균 교수 정년기념논총 1), 한울, 2003b.

_____, 「소수자운동의 전개과정과 그 특징」, 『진보평론』, 20호, 현장에서 미래를, 2004a.

_____, 「제국시대의 대중운동」, 『마르크스주의 연구』, 창간호, 한울, 2004b.

_____, 「제국 속에서 미국이 갖는 위상과 영향력」, 『문학/판』, 12호, 열림원, 2004c.

_____, 「대안운동의 현황과 방향」, 『사회이론』, 통권 제23호, 2007.

_____, 『욕망과 혁명』, 서강대학교출판부, 2009.

_____, 『자율운동과 주거공동체』, 집문당, 2013.

윤수종 외, 『다르게 사는 사람들』, 이학사, 2002.

윤수종 외, 『우리 시대의 소수자운동』, 이학사, 2005.

윤수종 외, 『소수자운동의 새로운 전개』, 중원문화, 2013.

윤수종 엮음, 『소수자들의 삶과 문학』, 문학들, 2014.

이종회, 「세계사회포럼」, 『진보평론』, 17호, 현장에서 미래를, 2003.

정은희, 「북아프리카, 신자유주의에 맞선 노동자계급의 혁명: "계급대중운동의 귀환"」, 『진보평론』 47호, 2011.

조동원, 「융합미디어 환경에서의 대중주체의 변화」, 『진보평론』, 28호, 2006.

최일붕·김하영, 「반전운동의 평가와 과제」, 『진보평론』, 17호, 현장에서 미래를, 2003.

카네티, 엘리아스(Canetti, Elias), 강두식·박병덕 옮김, 『군중과 권력』, 바다출판사, 2002.

카치아피카스, 조지(Katsiaficas, George), 윤수종 옮김, 『정치의 전복』, 이후, 2000.

클리버, 해리(Cleaver, Harry), 이원영·서창현 옮김, 『사빠띠스따』, 갈

무리, 1998.

추주희, 「탈주하는 청소년·청소녀의 성과 삶」, 『진보평론』 38호, 2008.

포르투나티, 레오폴디나(Fortunati, Leopoldina), 윤수종 옮김, 『재생산의 비밀』, 박종철출판사, 1997.

황규만, 「극단적 투영의 인터넷 정치학, 그 너머를 위해」, 『진보평론』, 27호, 현장에서 미래를, 2006년 봄호, 2006.


Hardt, M. & A. Negri, *Empire*, Cambridge: Harvard University Press, 2000.

_____, *Multitude*, Cambridge: Harvard University Press, 2004.

_____, *Commonwealth*, Cambridge: Harvard University Press, 2009.

Negri, Antonio, *Time for Revolution*, Continuum, 2003.

_____, *Political Descartes: Reason, Ideology and the Bourgeois Project*, Verso, 2007.

Shepard & Hayduk ed., *From ACT UP to the WTO*, London: Verso, 2002.